Hamid Zenati / Claudia Weiand

Stoffmalerei
mit der Schablone

AUGUSTUS VERLAG

Vorwort

W.: Hamid Zénati, Sie arbeiten als Stoffdesigner für renommierte Firmen. Wie kamen Sie zu diesem Beruf?

Z.: Das war damals in München, als ich Fotografie studierte und nebenbei als Dolmetscher jobbte. Da gab es lange Wartezeiten, und ich begann, Muster zu malen, ohne nachzudenken, einfach drauflos …

W.: Wenn man Ihnen bei der Arbeit zusieht, hat man den Eindruck, daß Sie noch immer einfach drauflosarbeiten. Ich habe nie gesehen, daß Sie eine Form vorzeichnen oder lange zögern.

Z.: Ich kann gar nicht, ich sage einmal: besonders zeichnen. So kam ich auf die Scha-

blonen, mit denen jedes Muster exakt und perfekt aussieht, selbst wenn die Formen eher einfach sind. Das meiste überlasse ich dem Gefühl und schneide die Formen, wie sie kommen. Ich weiß vorher nie, was wird.

W.: Haben Sie dann Stoffdesign studiert?

Z.: Nein, ich bin Autodidakt. Ich habe mir natürlich Bücher besorgt und in meiner Freizeit alles ausprobiert, was mir einfiel. Damals hatte ich nicht viel Geld, so habe ich die Stoffe auf Flohmärkten gekauft und die Schablonen meist aus Papier geschnitten. Später begann ich auch, selbstklebende Folien zu verwenden. Mit diesen ist fast alles möglich, was man sich denken kann. Sie sind ungeheuer praktisch und vielseitig.

W.: Ja, wenn einem etwas einfällt! Wie gelangen Sie denn zu diesen Ideen?

Z.: Auf viele Ideen kam ich in Indonesien, wo ich länger war. Dort gibt es ein phantastisches Stoffdesign – aber noch wichtiger ist es, mit offenen Augen durch die Natur zu gehen. Sie hat die vollkommensten Muster.

W.: Was fasziniert Sie an der Stoffmalerei am meisten?

Z.: Daß man mit ganz einfachen Mitteln eine unerschöpfliche Vielfalt von Formen schaffen kann! Ja, und die Schnelligkeit, mit der die Muster entstehen!

W.: Sie stammen aus Algerien, waren lange in Indonesien, haben mindestens drei Berufe, darf ich fragen, wie alt Sie sind?

Zénati: Uralt... das ist doch nicht so wichtig!

Dank

Ein Teil der Fotografien in diesem Buch wurde in einem Workshop aufgenommen, den Hamid Zénati im Frühjahr 1994 als Gastdozent an der Fachhochschule für Gestaltung in Schwäbisch Gmünd leitete. Für diese Gelegenheit danke ich der Fachhochschule und ganz besonders Herrn Professor Hess, der mit großer Geduld die Störungen seines Seminars hinnahm. Die Studentinnen und Studenten ließen uns wichtige Arbeitsschritte fotografieren und gaben mir viele Tips. Eine reine Freude war die Zusammenarbeit mit Katrin Wacker und Gerold Wenzel, die die beiden Motive des zweiten und dritten Kapitels für uns direkt vor der Kamera malten. Hinter der Kamera stand Herr Hama Werner, dessen Tatkraft die herrlichen Fotografien zu verdanken sind. Ihnen allen drücke ich hier meinen Dank aus. Claudia Weiand

Inhalt

MALEN MIT SCHABLONEN

TECHNIKEN UND TIPS

Welche Materialien Sie für die Stoffmalerei mit Schablonen brauchen, wie Sie auf pfiffige Ideen kommen, wie Sie diese schnell und einfach verwirklichen und was Sie unbedingt beachten müssen – diese und andere Fragen beantwortet Ihnen unser Handbuch. Nutzen Sie es zum Nachschlagen, wenn Sie ein bestimmtes Muster umsetzen wollen, und zum Üben, wenn Sie noch keine Erfahrung mit der Schablonenmalerei haben. Zahlreiche Tricks und Tips aus der Praxis sorgen dafür, daß Ihrer Phantasie keine handwerklichen Grenzen gesetzt sind.

Mit Reißstiften fest aufgespannt, kann das T-Shirt kunstvoll bemalt werden (rechts).

Immer hilfreich gegen die Angst vor der leeren Fläche: Ein Rahmen begrenzt die Malfläche (unten).

Komplizierte Formen sind unnötig. Ein feiner farbiger Strich ist ein guter Auftakt (ganz unten).

Sieben Regeln

Die erste Regel: Waschen und bügeln Sie den Stoff, bevor Sie ihn bemalen!
Dauerhaft haltbar ist die Stoffarbe nur, wenn mit der ersten Wäsche die sogenannte Ausrüstung aus dem Stoff gespült wird, mit der Hersteller ihre Ware vor Verschmutzung schützen. Auch sollten Sie den Stoff bügeln, da starke Knitter den Farbauftrag behindern können.

Die zweite Regel: Spannen Sie den Stoff sehr straff – und von allen vier Seiten!
Da wir mit dickflüssigen Farben arbeiten, brauchen wir keine Rahmen zum Spannen, sondern nur eine große, glatte Arbeitsplatte. Sehr billig und praktisch sind Rigips-Platten. Der Stoff wird mit Reißzwecken oder Klebeband von allen Seiten kräftig aufgespannt. Liegen zwei Stoffbahnen übereinander, wie bei einem T-Shirt, so wird Pappe oder Papier zwischen die Stofflagen geschoben.

Die dritte Regel: Entwickeln Sie eine einfache Leitidee, und halten Sie an ihr fest!
Eine leere Fläche kann jede Idee vertreiben. Ein kleinerer Stoff rettet Sie nicht, denn er führt – wie die Erfahrung lehrt – nur zu kleineren Mustern.
Hilfreich hingegen ist eine einfache Leitidee, die man konsequent verfolgt. Man kann als erstes das Feld mit einem Rahmen oder einer Bordüre eingrenzen und es dann frei oder in einer bestimmten Anordnung mit Mustern füllen. Oder man setzt in die Mitte des Stoffes ein Element, das zu den vier Seiten hin symmetrisch weiterentwickelt wird. Wichtig: Halten Sie an der einmal gewählten Vorgehensweise fest!

Eine Form ergibt die nächste: Die romantisch beflügelte Form bildet einen reizvollen Kontrast zu den schlichten Linien (links).

Die einfachen Formen entfalten durch die vielfache Wiederholung eine ungeahnte Kraft und Schönheit (unten).

Die vierte Regel: Wählen Sie einfache Formen und wenige Farben!
Diese Regel ist kein Muß, aber sie ist sehr nützlich. Muster gehorchen völlig anderen Gesetzmäßigkeiten als bildhafte Motive. Sie entfalten sich durch die Wiederholung der Formen und Farben. Wie die nach wie vor beliebten Karo-, Punkt- und Streifenmuster beweisen, wirken Muster auch ohne komplizierte Formen und raffinierte Farbkompositionen.

Die fünfte Regel: Tragen Sie Farbe immer so dünn wie möglich auf!
Zu dick aufgetragene Farbe läßt den Stoff steif werden und raubt ihm die Eleganz weich fallender Falten. Die Stoffarben (DEKA-permDeck und DEKAPRINT 2000) erlauben auch bei dünnem Auftrag satte Farbflächen.

Die sechste Regel: Arbeiten Sie naß in naß, wenn Sie Farben übereinanderlegen!
Farbe, die auf eine bereits getrocknete Farbschicht aufgetragen wird, haftet nur an der ersten Schicht und ist nicht dauerhaft haltbar. Deswegen arbeitet man immer naß in naß. Dabei mischen sich allerdings die Farben. Will man keine Farbmischung, so greift man zu den Techniken des Aussparens und Abdeckens, die in diesem Kapitel auf den Seiten 22 bis 25 näher erläutert werden.

Die siebte Regel: Wenn der Stoff getrocknet ist, bügeln Sie ihn von der Rückseite her!
Die Farbe wird fixiert, indem man den Stoff von der Rückseite her je nach Stoffart möglichst heiß bügelt. Beachten Sie die Gebrauchsanweisung auf Ihren Stoffarben! Nach dem Bügeln können Sie den Stoff unbesorgt bis 60° C mit jedem Feinwaschmittel waschen.

Materialien und Werkzeuge

Stoffmalerei muß nicht kostspielig sein. Altpapier kann als Palette und als Schablonenmaterial dienen. Zum Pinseln genügen einfache Malerpinsel. Geeignete Stoffe lassen sich oft als Restposten billig erstehen.

❶ Stoffmalfarben sind in der Regel auf Wasserbasis hergestellt, so daß man – solange die Farbe nicht eingetrocknet ist – Pinsel und Schaumgummiwalzen und mit Pinseln. Um reibungslos malen zu können, brauchen Sie drei oder vier Bügel und mehrere Schaumgummirol-

Stoffmalfarben sind cremig, deckend und brillant.

Walzen nach der Arbeit unter fließendem Wasser leicht reinigen kann. Geeignete Farben erhalten Sie beim Mal- und Zeichenbedarf (z.B. DEKA-permDeck, oben) oder auch im Fachhandel für Siebdruck (z.B. DEKAPRINT 2000, rechts).

❷ Mit Textilstiften und der Konturenfarbe für Seidenmalerei lassen sich feine Linien ziehen.

❸ Als Arbeitsplatte empfiehlt sich eine Holzplatte oder eine Rigips-Platte, auf die der Stoff mit Reißzwecken aufgespannt werden kann. Sie können den Stoff auch mit Klebeband auf eine beschichtete Platte spannen.

❹ Als Palette dienen Pappteller oder Pappstücke, aber auch Altpapier erfüllt diesen Zweck.

❺ Aufgetragen wird die Farbe mit auswechselbaren len, die möglichst hart sein sollten. (Hamid Zénati verwendet Heizkörperrollen von KARAKUL.)

❻ Als Pinsel genügen drei billige Malerpinsel. Hamid Zénati stutzt die Haare des kleinen und des mittleren Pinsels mit der Schere, so daß ein fester Haarkörper übrigbleibt. Nur der große, runde Tupfpinsel darf seine langen Haare behalten.

❼ Altes Prospektpapier eignet sich gut als Material für Schablonen. Es muß dick und wenig saugfähig sein. (Pappe ist als Schablonenmaterial ungeeignet.)

❽ Selbstklebende Folien sind das beste und haltbarste Schablonenmaterial. Sie haften hervorragend auf dem Stoff, auch wenn man sie immer wieder abzieht und an anderer Stelle erneut aufklebt. Durchsichtige Folie kann man über ein bereits vorhandenes Muster kleben und dann mit dem Cutter ausschneiden.

❾ Klebebänder in verschiedenen Maßen erleichtern das Malen von Linien, Karos und vielem mehr.

❿ Zum Schneiden der Schablonen brauchen Sie eine Haushaltsschere und

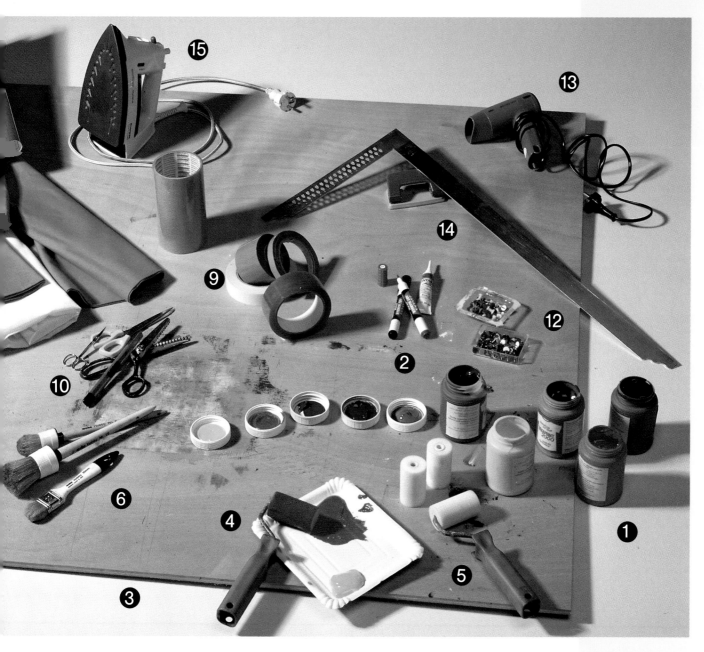

einen Cutter. Feine Schablonen lassen sich gut mit einer Nagelschere formen. Auch eine Zickzackschere ist immer wieder nützlich für feine Zackenlinien oder -ränder.
⓫ Als Malgrund dienen Stoffe aus Naturfaser, wie Viskose, Baumwolle und Leinen oder auch dicke Seide. Zu dünne Stoffe und

solche mit höherem Kunstfaseranteil sind ungeeignet. Suchen Sie nach Restposten! Sie sind oft sehr billig, so daß Sie keine Hemmungen haben müssen, auch einmal einfach ein Muster auszuprobieren.
⓬ Zum Spannen des Stoffes brauchen Sie Reißstifte oder Klebeband.

⓭ Bei dichten Mustern kann ein Fön nützlich sein, um angrenzende nasse Farbflächen schnell zu trocknen.
⓮ Locher und Lineal sind nützliche Utensilien, wenn man Schablonen erstellt.
⓯ Fixiert wird die Farbe mit dem Bügeleisen (vgl. die Gebrauchsanweisung Ihrer Stoffarben).

Auf einen Blick: alle Werkzeuge und Materialien der Stoffmalerei.

Schablonen: Papier oder Folie

Papierschablonen lassen sich blitzschnell verschieben, Schablonen aus selbstklebender Folie sind unverwüstlich.

Schablonen aus Folie
Die Schablonen aus selbstklebender Folie lassen

❶ Denken Sie bei Mustern in Zusammenhängen: Für einen zweifarbigen Hund

❷ Selbstklebende Folie hat viele Vorteile. Aus Papier würde dieses feine Gitter-

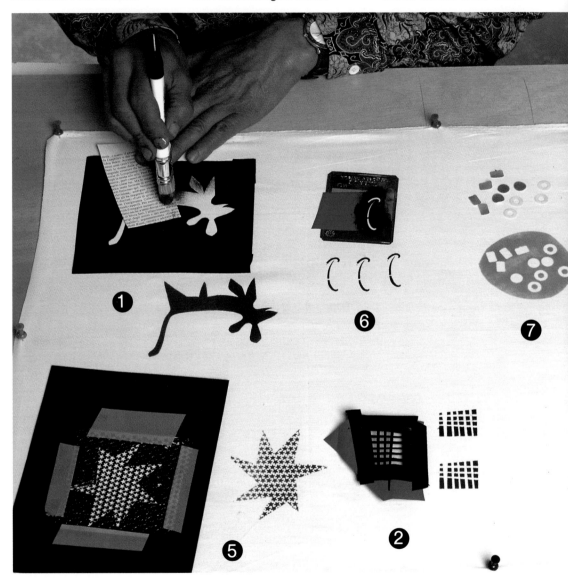

Mit einer Schablone ist ein Stoff im Nu gemustert und wirkt immer kunstvoll perfekt, da sich die Form exakt wiederholt.

sich unzählige Male einsetzen. Da diese Schablonen fest auf dem Stoff haften, erhält man Muster mit ganz exakten, sauberen Rändern.

brauchen Sie nicht zwei getrennte Schablonen! Man deckt einen Teil der Schablone mit Papier ab und füllt den restlichen mit Farbe.

muster sofort zerreißen. Entstanden ist diese Schablone nicht durch diffizile Schneidearbeit. Vier schwarze Folienbänder ergaben das Fenster, in das dann feine senkrechte und waagrechte Folienstreifen geklebt wurden. Am Rand ist die empfindliche Schablone durch Folienstücke (blau) verstärkt.

❸ Bei dieser Schablone aus blauer Folie bestand die Gefahr, daß die feineren

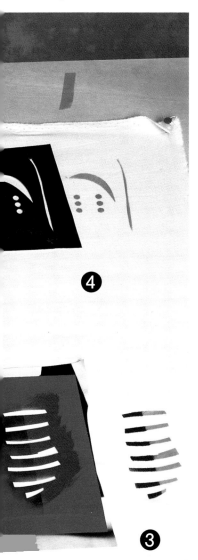

❹

❸

Teile beim wiederholten Abziehen und Aufkleben überdehnt werden könnten. Große Haftflächen werden reduziert, indem man

einzelne Papierstücke unterklebt.

Schablonen aus Papier
Papierschablonen haben drei Vorteile: Sie sind billig, sie lassen sich schnell verschieben, und sie eignen sich für Naß-in-naß-Techniken, da sie auf feuchten Farbflächen sehr gut halten. Das Papier darf weder zu dünn noch zu saugfähig sein. Ansonsten wellt es und reißt leicht. Für Illustrierte und Werbeprospekte wird oft für diesen Zweck besonders geeignetes, festes Papier verwendet.

❹ Die beiden länglichen Formen der hier gezeigten Schablone wurden mit dem Cutter ausgeschnitten. Dann wurde die Schablone gefaltet und mit dem Locher dreimal gelocht, so daß zwei symmetrische Lochreihen entstanden.

❺ Der Stern aus Sternen zeigt einen weiteren Trick: Alles, was flach und ausgestanzt ist, läßt sich verwenden. Hier wurde über die Papierschablone mit dem ausgeschnittenen Stern ein Stück goldenes Folienband mit ausgestanzten Sternchen geklebt.

❻ Hier sehen Sie ein altes, auf dem Flohmarkt erworbenes Stickmuster aus dünnem Metall, das zum Teil mit einem Stück Folie abgeklebt wurde.

❼ Der Phantasie sind keine Grenzen gesetzt: Ringbuchverstärker, runde und eckige selbsthaftende Etiketten aus Papier lassen sich auf den Stoff kleben und übermalen. Löst man die kleinen Teile ab, erhält man Negativmuster.

Tip

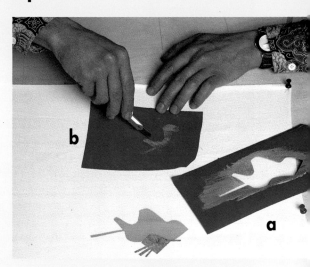

b

a

Geschickt schneiden

Hamid Zénati schneidet seine Formen frei, ohne Vorzeichnung. Den Cutter kann man mit etwas Übung wie einen Stift handhaben. Folien löst Zénati meist von der Papierschicht ab und klebt sie auf Stoff, bevor er sie schneidet.

Will man Formen exakt ineinander einpassen, geht das ganz einfach: Man legt die ursprüngliche Schablone (a) auf die neue Folie (b) und macht einen Abdruck von dem Teil, in den die neue Form greifen soll. So ist auch eine verbrauchte Schablone schnell neu geschnitten!

Symmetrische Formen sind schnell erstellt, wenn Sie das Schablonenmaterial falten und so mit der Schere beide Seiten gleichzeitig schneiden.

Wichtig: Der Rand der Schablonen muß groß sein, damit der Pinsel oder die Walze genügend Platz finden.

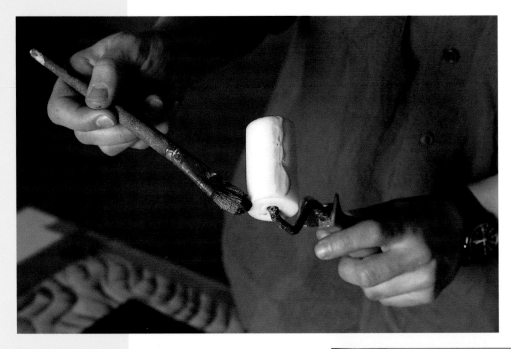

Walzen

Mit der Walze sind größte Flächen im Nu gefüllt und sehen völlig perfekt aus.

Die Walze läßt einen variantenreichen Farbauftrag zu. Experimentieren Sie ein wenig: Spannen Sie ein Stück Stoff auf, und kleben Sie mit Klebeband mehrere Felder ab!

❶ Die Walze wird auf einem separaten Stück Papier gleichmäßig mit Farbe eingewalzt und dann mit schnellen Hin- und Herbewegungen aufgetragen. Sie

Die Walze wird trickreich präpariert: Beim Abrollen hinterlassen die Farbstreifen ein interessantes Streifenmuster.

können sich ruhig in kleinen Abschnitten vorarbeiten. Die Walze sollte nur so viel Farbe enthalten, daß die Farbe erst nach drei oder vier Walzvorgängen satt deckt. Achtung: Zuviel Farbe macht den Stoff steif.

❷ Auf die grüne Walze wird etwas Weiß und etwas Schwarz gegeben. Ein schnelles Hin- und Herwalzen läßt nun eine marmorierte Fläche entstehen.

❸ Hier wird mit einer sauberen Walze wenig Blau aufgenommen. Dann wird die Hälfte der Malfläche schnell gewalzt. Dasselbe Verfahren wiederholt man mit wenig Rot von der anderen Seite.

❹ Zuerst wird durch schnelles Walzen ein gelber Vollton angelegt. Dann bringt man (mit der Kante eines Papierschnitzels) kleine schwarze Strichelchen auf die Walze auf. Setzen Sie nun die Walze vorsichtig am Rand an, und walzen Sie ganz langsam und fest einmal von

Marmorieren, schattieren, strukturieren – mit der Walze geht alles in Sekundenschnelle (rechts).

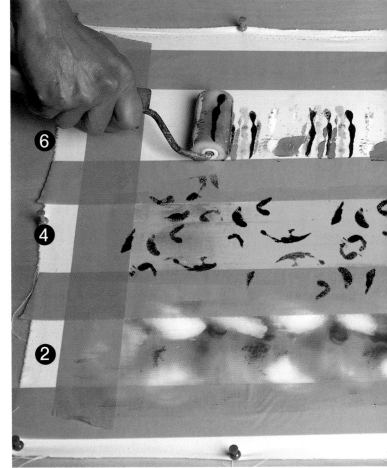

rechts nach links über die gesamte Länge. Sie dürfen die Walze auf keinen Fall zwischendurch abheben! Wenn die Farbfläche breiter ist als die Walze, wiederholen Sie den Malvorgang genauso langsam.

❺ Eine solche Maserung erhalten Sie auf ganz raffinierte Weise. Streichen Sie mit dem Pinsel Farbe auf ein separates Stück Papier, so daß die einzelnen Pinselspuren sichtbar sind. Nun nehmen Sie mit der Walze vorsichtig die Farbe auf. Sie dürfen nicht hin- und herwalzen, sonst gehen die Pinselspuren verloren. Setzen Sie die Walze am Stoff an und wal-

zen Sie langsam und ohne abzuheben einmal über die Fläche. Wiederholen Sie den Vorgang bei dem noch fehlenden Stück.
Probieren Sie dasselbe Verfahren mit mehreren Farben aus!

❻ Hier erhält die saubere Walze mehrere Farbstreifen und einen grünen Klecks (siehe auch ganz links). Wieder wird langsam und fest gewalzt.

Die wandernde Kante

Tip

Die Methode der wandernden Papierkante ist sehr variantenreich. Sie können die Kante in jede Form schneiden oder

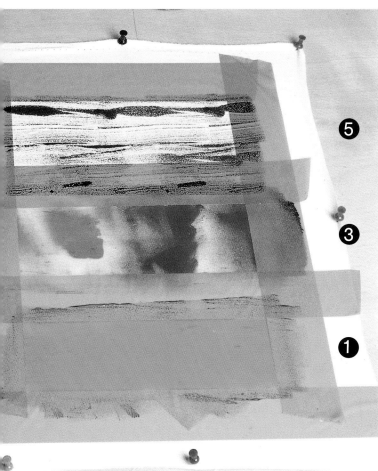

auch reißen. Mit der Zickzackschere geschnittene Kanten wirken ungeheuer exakt. Je nach Druck erhält man beim Walzen dunklere oder hellere Farbtöne. So läßt sich ganz leicht schattieren, indem man am Anfang stärker aufdrückt und dann die Walze leicht auslaufen läßt. Oben sehen Sie ein raffiniertes Schattierungsverfahren mit einer Papierkante aus einem Ringbuch. Die Löcher ergeben einen zusätzlichen interessanten Effekt.

Pinseln

Mit Pinseln werden strukturierte Flächen gestaltet und kleine Muster gemalt. Hamid Zénati verwendet drei normale Malerpinsel: Den kleinen und den mittleren stutzt er mit der Schere, bis ein sehr fester Haarkörper übrigbleibt. Der große Pinsel behält seine langen Haare und dient als Tupfpinsel, mit dem besondere Effekte erzeugt werden können.

Kleine Muster sind zügig mit dem Pinsel ausgefüllt. Vor allem bei Schablonen aus Papier nimmt man lieber den Pinsel als die Walze. Dabei stößt man mit dem Pinsel senkrecht von oben nach unten, so daß keine Farbe unter die Schablone geraten kann. Der Haarkörper muß fest sein, damit sich keine Haare unter die Schablone schmuggeln.

Mit Pinseln können Sie Farbe auch strukturiert auftragen. Dazu nimmt man nur wenig Farbe auf und tupft oder streicht – je nachdem, welche Effekte gewünscht werden – aber immer von oben. In unserem Bild links wird beispielsweise die Farbe aufgetupft, wobei der Pinsel eine leichte Drehung erhält.

Zu grob wäre die Walze für die kleine Sternschablone aus Papier. Hier ist der Pinsel präziser und schneller (oben).

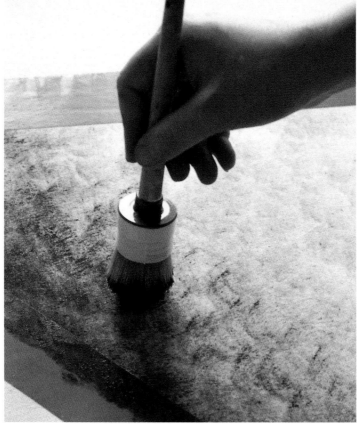

Wenig Farbe, harte Borsten und kleine Drehungen aus dem Handgelenk sorgen für eine lebhaft strukturierte Farbfläche (rechts).

Pinsel sind ein Feld für Experimentierfreudige. Ob man tupft, streicht, dreht, mit viel oder wenig Farbe malt: Jedesmal entsteht ein anderer reizvoller Effekt.

Probieren Sie mit uns verschiedene Pinseltechniken aus:

❶ Einen Vollton erzielt man mit einem satt getränkten Pinsel. Aber auch hier gilt: Verwenden Sie so wenig Farbe wie möglich, damit der Stoff nicht steif wird! Je nach Schablonengröße wird ein kleinerer oder größerer Pinsel eingesetzt.

❷ In diesen Beispielen wurden mit dem mittleren Pinsel und ganz wenig Farbe feine Tupfen gesetzt. Die dicken, schwarzen Tupfen entstehen durch einen großen Pinsel mit langen Haaren. Er wird nur an den Spitzen satt in Farbe getaucht und senkrecht auf den Stoff gestoßen. Wenn Sie ihn fast herunterfallen lassen, kommen tiefschwarze Krater zustande. Probieren Sie diese Verfahren auch mit mehreren Farben aus.

❸ Schattierungen fallen mit dem Pinsel besonders schön aus. Die wellenförmig ausgeschnittene Papierkante wird schrittweise ein Stück tiefer versetzt. Man streicht von der „wandernden Kante" her nach außen, so daß die Farbe an der Kante besonders dicht wird. Auch bei dieser Technik darf der Pinsel nur wenig Farbe enthalten.

❹ Drehbewegungen mit dem Pinsel, auch auf nasser Farbfläche, hinterlassen eigenwillige Muster, die einen reizvollen Kontrast zu glatten Volltönen bilden können.

Muster entwickeln

Muster gehorchen eigenen Gesetzmäßigkeiten. Die Formen können sehr einfach sein, die Wiederholung und die Art der Verteilung bringen sie zur Wirkung. Auf den folgenden Seiten beschäftigen wir uns mit verschiedenen Gestaltungsmöglichkeiten.

Muster frei verteilen

Auf den ersten Blick scheint diese Art, ein Muster zu entwickeln, die einfachste zu sein (links oben): Eine Form wird frei über den Stoff verteilt. Doch der Anschein trügt: Diese Methode will gut durchdacht sein!

Wenn Sie nur eine einzige Form anlegen wollen, haben Sie alle Freiheiten: Sie können unbesorgt mit verschiedenen Farben und einem variantenreichen Farbauftrag arbeiten. Wenn jedoch noch weitere Formen folgen werden, sollten Sie der Tendenz nach Farbreichtum nicht einfach nachgeben. Dem Unerfahrenen gerät der Stoff leicht zu bunt, und das Muster verliert jede Wirkung.

Eine gewisse Regelmäßigkeit

Muster leben, wie gesagt, von der Wiederholung der Formen, der Farben und – sehr häufig – der Positionen. Die blattähnliche Form ist in unserem Beispiel (links unten) nicht willkürlich verteilt. Den Anfang machten drei parallele Reihen blauer „Blätter". Ihnen folgten senkrecht dazu drei gelbe Blattreihen und zuletzt diagonal die roten. Sie sehen, daß trotz der Wiederholung von Farben und Positionen dieses Muster bunt und fast zu unruhig wirkt. Die rettende Idee ist hier das farblich und von der Form her verbindende vierte Element, die Schlaufenlinie, zu der ein verknäueltes Schneidermaßband anregte, das in der Nähe lag.

Das Verfahren eignet sich nur für kleinere Stoffe: Der Stoff wird mit durchsichtiger oder durchscheinender Folie völlig überklebt. Dann können mit dem Cutter Formen frei herausgeschnitten werden. Wenn die Farbe aufgetragen ist, wird die Klarsichtfolie abgelöst (rechts oben).

Archaisch kraftvoll wirken diese Schnecken, die frei über den Stoff verteilt werden (oben).

Die freie Schlaufenlinie unterbricht das regelmäßige Blattmuster (rechts).

Das prachtvolle Muster wird enthüllt (rechte Seite, oben).

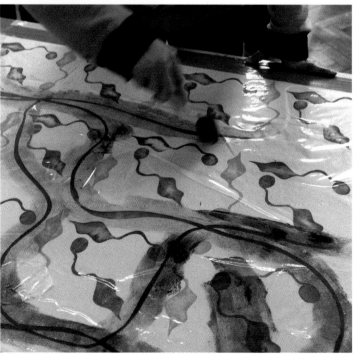

Strategie der Geduld

Für die Weiterentwicklung eines Musters besonders tragfähig ist die Strategie der Geduld. Eine Form wird regelmäßig in immer gleichen Abständen und – zumeist – in immer demselben Farbton über dem Stoff verteilt (rechts unten).

Diese Regelmäßigkeit muß nicht so exakt sein, daß Sie die Positionen mit dem Lineal abmessen müssen. Man arbeitet eher nach Augenmaß und behilft sich auf zwei einfache Arten: Sie können mit Klebeband den Stoff regelmäßig unterteilen (etwa in waagrechte, senkrechte oder diagonale Bahnen) und die Formen in die abgegrenzten Bahnen oder Felder setzen.

Sie können sich aber auch ganz einfach an den Kanten Ihrer Schablone orientieren. Nach Bedarf wird die Schablone mit Folienstücken verlängert oder verkürzt, so daß man sie jeweils an Orientierungspunkten des zuvor gemalten Elements anlegen

kann. Regelmäßige Muster regen meist von selbst zur Weiterentwicklung an. Ist die eine Form verteilt, scheint sie die nächste zu fordern.

Je enger das Muster wird, desto häufiger liegt die Schablone auf bereits gemalten, noch feuchten Flächen auf. Sie müssen dann entweder die Schablonenrückseite jedesmal von neuem sauberwischen oder die feuchten Muster trocknen lassen. Sie können sie auch trockenfönen.

Tip

Woher kommen die guten Ideen?

Arbeiten Sie intuitiv!
Die schönsten Formen entstehen zufällig, ohne Vorzeichnung, ohne lange Überlegungen. Schneiden Sie einfach drauflos!

Klauen Sie bei großen Vorbildern!
Keiner verbietet Ihnen, für Ihre privaten Zwecke Formen und Ideen zu klauen. Vor allem bei den moderneren Künstlern, wie etwa Klee oder Matisse, findet man sehr dekorative Anregungen.

Plündern Sie Bücher!
Bücher, Zeitungen, Illustrierte, Urlaubsfotos, aber auch Geschenkpapiere sind Quellen der Inspiration und ein Fundus für Motive.

Beispiel Natur!
Steine sind gemustert, ebenso vom Wind verwehte Sanddünen und natürlich Leoparden, Tiger... – der Mensch hat schon immer abgekupfert.

Einfach fotokopieren!
Will man eine Vorlage in Schablonenform übertragen, macht man sich eine Fotokopie in der gewünschten Größe und schneidet den Umriß aus. Legen Sie den Umriß auf das Schablonenmaterial und walzen Sie darüber.

Die einzelnen Formen wiederholen sich mit absoluter Regelmäßigkeit.

Geometrische Muster

Ob Streifenmuster, Karos oder Schachbrettmuster: Mit dem Klebeband lassen sie sich alle spielend leicht erzeugen.

Nur Schablonen ermöglichen so perfekte Muster. Der Mäander aus Folie wird sorgsam plaziert.

Wenn Sie mehrere lange Klebebänder parallel zueinander in bestimmten Abständen über den Stoff spannen, haben Sie bereits ein Streifenmuster erzeugt. Spannen Sie nun zudem senkrecht dazu weitere parallele Klebebänder, ist ein Muster aus

Nachdem mit Klebeband das Feld eingegrenzt ist, kann gewalzt werden (rechts).

Der Mäander wird vorsichtig mit dem Cutter gelöst (rechte Seite, links).

Quadraten oder Rechtecken entstanden, die durch gleichförmige Abstände (die Breite des Klebebandes) voneinander getrennt sind. Sie können dann die Felder mit verschiedenen Farben oder mit einer einzigen Farbe füllen. Weniger regelmäßig, aber deswegen nicht weniger reizvoll, wirken Schachbrettmuster, die Feld für Feld mit einer Schablone, aus der ein Quadrat ausgeschnitten ist, aufgebaut werden. Achten Sie darauf, daß die Rückseite der Schablone immer sauber ist!

Unser hier gezeigtes Beispiel ist etwas komplizierter, da jedes Feld einen Mäander als Negativmuster erhält. An dieser schönen Variante demonstrieren wir Ihnen noch eine dritte Vorgehensweise:

man wie hier ein Negativmuster erhält, verwendet man das Schablonenpositiv: In einem solchen Fall müssen Sie selbstklebende Folie verwenden, da Sie die Schablone nicht festhalten können. Die positive Mäanderform wird plaziert und sorgfältig festgedrückt. Das Feld wird von zwei Klebestreifen rechts und links begrenzt (bei der ersten Reihe mißt man die Abstände) und kann nun mit Farbe eingewalzt oder -gepinselt werden. Der Mäander wird mit dem Cutter vorsichtig gelöst und in das nächste Feld gesetzt. In unserem Beispiel hätten die einzelnen Quadrate auch verschiedene Farben erhalten können. Hier wurde statt dessen Ton in Ton mit sehr wenig Farbe gearbeitet. Da-

Tip

Man klebt jeweils nur eine Reihe, die mit Mäanderquadraten gefüllt werden soll, mit Klebeband ab. (Folien und Klebeband können unbesorgt auch über nasse Farbe geklebt werden!) Will

durch entstehen zarte Schattierungen, die die Quadrate plastisch hervortreten lassen.

Gestapelte Gitter

Alles, was flach ist und durchbrochen, läßt sich als Schablone verwenden, seien es flache Gitter oder etwa Tortendecken aus Papier.

Betrachten Sie die großen Rechtecke: Klare geometrische Formen, wie Rechtecke, Quadrate, Dreiecke oder auch Kreise, wirken besonders

plastisch, wenn man sie sozusagen über- und untereinander anordnet. Das Verfahren, mit dem Sie einen dreidimensionalen Effekt erzielen, ist einfach: Man malt zuerst die Formen, die optisch oben liegen sollen. Dann fügt man diejenigen hinzu, die „unten" liegen und klebt die „verdeckten" Teile ab. Wenn Sie zudem wie hier die Farbe schattiert auftragen, verstärkt sich der Effekt der Dreidimensionalität.

Linien: gewellt, gezackt, gerade

Linien braucht man immer wieder, sei es für ein Streifenmuster oder etwa für die Zierränder und Bordüren von Tischdekken. Wir zeigen Ihnen hier, wie Sie die verschiedensten Arten von Linien, Wellen- und Zackenmustern schnell und einfach erzeugen können.

Ob man die Bordüre für ein Tischtuch eingrenzen will, ob man einen Balken in die Mitte eines Stoffes plazieren oder ob man Linien in ein Muster einfügen will, man kann meistens ein einfaches Klebeband verwenden.
Das Band wird straff gespannt und gut festgedrückt (links oben).
Wenn Sie wollen, können Sie anschließend mit dem Cutter zusätzliche Formen oder Wellenlinien frei herausschneiden, bevor Sie mit der Walze die Farbe verteilen (links, Mitte).
Will man in ein freies Streifenmuster eine zweite Farbe einarbeiten, deckt man den Stoff mit durchsichtiger Folie ab. Mit dem Cutter können nun weitere Streifen oder Formen ausgeschnitten, ausgelöst und mit Farbe eingewalzt werden (links unten).

Exakte Linien sind schnell mit Klebeband erzeugt (ganz oben).

In das Klebeband werden Wellenlinien geschnitten (oben).

Ein zweifarbiges Streifenmuster entsteht (rechts).

Tip

Hauchdünne Linien

Auf den Seiten 6 und 7 sahen Sie eine freie Komposition, die mit hauchdünnen Linien begann. Für derart feine Linien braucht man eine besondere Schablone: Man schneidet in festes Papier eine rechteckige Öffnung, die die Länge der Linie hat, aber breiter ist. Dann klebt man die Öffnung mit zwei Streifen Folie so ab, daß nur ein kleiner Spalt übrigbleibt.

Bei geschwungenen oder gezackten Linien, die möglichst gleichmäßig sein sollen, müssen Sie etwas anders vorgehen.

Als erstes wird aus Folie die zweiteilige Schablone geschnitten (Klebeband eignet sich nicht, da es zu leicht reißt, als daß man es mehrmals versetzen könnte): Dazu klebt man einen Streifen Folie auf den Stoff und schneidet mit dem Cutter in der Mitte ein möglichst regelmäßiges Stück der gewünschten Wellenlinie oder Zickzacklinie heraus. Nun kann die Schablone schrittweise aneinandergesetzt werden.

Eine zweiteilige Folienschablone erzeugt regelmäßige Wellen und Zacken (links oben).

Die zweite Hälfte des Folienstreifens wird angelegt (links).

Abdecken

Meist entwickelt man Muster während des Arbeitens. Man beginnt mit einer schönen Form und kommt erst nachträglich auf die Idee, daß man die Umgebung farbig haben möchte. Was tun?

Sie haben zwei Möglichkeiten: Sie können die Form exakt abdecken oder aber großzügig, so daß eine Zwischenlinie entsteht, was dem Stoffmuster eine besondere Note verleiht. Wenn man eine Schablone ausschneidet, erhält man eine Negativform und ein Positiv. Meist wird das Muster mit Hilfe der Negativform gemalt. Hier etwa entstand auf diese Art dreimal der Abdruck eines Blattes.

Exaktes Abdecken

Angenommen, Sie wollten nun die ganze weiße Stofffläche orange einwalzen, so könnten Sie folgendermaßen vorgehen: Sie warten am besten, bis die Blätter trocken sind (wer es eilig hat, kann sie mit dem Fön trocknen) und decken dann eines der Blätter mit dem Positiv der Schablone ab. Nun kann die Umgebung dieses Blattes mit der Walze eingefärbt werden. Dann lösen Sie das Positiv und kleben es auf das nächste Blatt, um nun dessen Umfeld farbig zu gestalten.

Will man nur die nahe Umgebung eines Musters flächig ausmalen, kann man trickreich vorgehen:

In unserem Beispiel auf dieser Seite sollen die Blätter einen orangefarbenen Kreis als Hintergrund erhalten. Sie decken ein Blatt mit dem Schablonenpositiv ab und kleben nun die neue Schablone, hier die Kreisschablone, darüber. Die Kreisform wird farbig ausgemalt, und die Schablone kann abgehoben werden. Da nun die beiden Folien aneinanderhaften, wird bei den nächsten Blättern der Kreis exakt dieselbe Position haben wie bei dem ersten.

Das Schablonenpositiv deckt das Muster exakt ab. Eine zweite Schablone für den umgebenden Kreis wird auf die erste geklebt (rechts).

Die aneinanderklebenden Schablonen werden gelöst (unten).

Feine Zwischenlinien

Der Anfang ist immer der gleiche: Man schneidet aus Folie eine Schablone und benutzt das Negativ, um ein positives Muster zu malen, wie etwa hier zwei orangefarbene Schildkröten. Jede Schildkröte soll von einem blauen Feld umgeben werden, mit einer feinen Linie dazwischen. Die Schildkröte muß abgedeckt werden, aber das urspüngliche Positiv ist zu klein. Wenn Sie transparente Folie zur Verfügung haben, kleben Sie ein Stück über die Schildkröte und schneiden mit dem Cutter ein etwas größeres Positiv. Arbeiten Sie nicht zu exakt, denn der Reiz der feinen Zwischenlinien liegt auch in Abweichungen. (Probieren Sie auch einmal weit größere Abweichungen aus als in unserem Beispiel). Falls Sie nur undurchsichtige Folie besitzen, kleben Sie einfach das ursprüngliche Positiv auf die Folie, und schneiden Sie außen herum.

Die etwas zu große positive Form wird auf der Schildkröte appliziert, die zweite Schablone kann angelegt werden, und die Umgebung läßt sich ausmalen. Nun ist eine feine Zwischenlinie entstanden.

Die Schildkröte ist mit einem Schablonenpositiv abgedeckt, das etwas größer ist als die Schildkröte selbst. So entsteht eine reizvolle Zwischenlinie.

Aussparen

Beim Aussparen gestaltet man erst die Fläche und dann das Muster – eine Abfolge, die Überlegung erfordert.

Die einfachste Methode, Muster in eine farbige Fläche einzubringen, sehen Sie rechts oben: Das schwarze Muster wird in die noch feuchte grüne Farbe gesetzt. So verbindet sich die Farbe dauerhaft mit dem Stoff. Bei sehr dunklen Farben sieht man kaum, daß sich die Farben mischen.

In die noch nasse Farbfläche wird ein Muster gesetzt.

Das Muster wird durch Abdecken ausgespart, so daß man als erstes ungestört die Umgebung farbig ausmalen kann.

Will man eine Farbmischung vermeiden, muß man entweder das Muster im nachhinein abdecken oder es von vornherein aussparen. Betrachten Sie als erstes das Endergebnis unseres kleinen Beispiels. Innerhalb der mehrfarbigen Fläche heben sich vier streifenförmige Mu-

ster ab, die in den ersten Schritten ausgespart werden. Am besten üben Sie diese Technik, indem Sie unser

Beispiel nachvollziehen. Grenzen Sie zunächst mit Klebeband das Feld ab. Nun soll die Fläche gestaltet werden, wobei aber die späteren Innenmuster zunächst frei bleiben. Dazu deckt man sie ab. Man klebt also positive Musterformen auf den Stoff: Hier sind es vier Streifen Klebeband (links). Man könnte aber genausogut Formen aus Folie ausschneiden. Heben Sie in diesem Fall unbedingt das Schablonennegativ auf, denn Sie brauchen es am Schluß als Abdeckung, wenn die ausgesparten Muster mit Farbe gefüllt werden.

Papierkanten als Abdeckung
Die Umgebung soll durch verschachtelte Farbflächen gestaltet werden: Den Anfang machen die Ecken. Mit einem Blatt Papier wird das Feld nach innen hin abgedeckt, so daß in der Ecke eine Dreiecksform entsteht.

Das Dreieck wird farbig eingewalzt. Dieser Vorgang wird
an allen Ecken wiederholt.
Wenn Sie wie wir die Papierkante formen, indem Sie
etwa Wellenlinien hinein-
schneiden, heben Sie unbedingt das abgeschnittene
Papierstück auf! Sie werden
es noch brauchen.
Während man sich zur Mitte
vorarbeitet, grenzen Flächen,
die man mit Farbe auswal-
zen will, immer häufiger an
bereits bemalte Felder
(rechts oben). Diese werden
mit Papier abgedeckt (Papier
haftet auf nasser Farbe besser als Folie). Bei den wellenförmig zugeschnittenen
Feldern paßt als exakte Abdeckung das ursprüngliche
Abfallstück, das Sie aufbe-
wahren sollten. Noch ein Tip:
Wenn Sie das abdeckende
Papier etwas über die Farbfläche hinausragen lassen,
erhalten Sie feine Zwischen-
ränder.
Ist die Fläche gefüllt, werden
die Innenmuster freigelegt.
Man klebt die weißen Felder
außenherum ab (falls Sie
Formen aus Folie ausge-
schnitten hatten, kommen
nun die Negativschablonen
zum Einsatz) und malt sie
aus. Hamid Zénati verwen-
dete eine „wandernde Kante"
mit zwei zarten Fühlern.
Wie man vorgeht, wenn sich
ein und dasselbe Muster
mehrfach wiederholen soll,
wird auf den Seiten 28 bis
37 Schritt für Schritt in unserem ersten Projekt an der
Tischdecke mit den Molchen
demonstriert.

*Die angrenzenden
Flächen werden
immer sorgfältig
abgedeckt.*

*Das Innenmuster
wurde freigelegt,
am Rand abge-
klebt und mit
Hilfe der
„wandernden
Kante" gestaltet.*

25

Negativ-muster

Negativmuster lassen sich raffiniert mit der Naß-in-naß-Technik verbinden.

Klebt man eine positive Schablonenform auf den Stoff und walzt mit Farbe darüber, erhält man ein Negativmuster (vgl. auch den Mäander auf den Seiten 18 und 19).
Dieser Effekt läßt sich sehr wirkungsvoll mit der Naß-in-naß-Technik kombinieren. Probieren Sie diese Technik mit uns aus: Walzen Sie eine Fläche satt und gleichmäßig

Die Papierschnitzel haften so gut auf der nassen Farbfläche, daß sie vorsichtig überwalzt werden können (rechts).

mit der Farbe ein, die die Muster erhalten sollen, hier also mit dunkelblauer Farbe. Dann werden die Muster abgedeckt: Saugfähiges Papier hält gut auf der feuchten Farbe. In unserem Beispiel legen wir willkürlich gerissene Papierschnitzel auf die nasse Fläche. Sie können aber auch Formen aus dem Papier schneiden.
Tupfen Sie die Papierschnitzel mit dem Pinsel gut fest, damit sie nicht verrutschen können, und walzen Sie nun mit Vorsicht und nicht zu schnell die ganze Fläche mit weißer Farbe aus. Wer will, darf auch pinseln.
Anschließend werden die Papierschnitzel mit Hilfe des Cutters abgehoben und enthüllen ausdrucksstarke, tiefblaue Formen, die wirken, als säßen sie auf – und nicht unter – der weißblau marmorierten Fläche.

Nun werden die Papierschnitzel abgehoben und enthüllen die tiefblauen Formen (rechts).

Mit der leeren Hülle eines Kugelschreibers wird in die nasse Farbschicht „gezeichnet" (rechte Seite, unten).

Zeichnen

Liegen zwei Farbschichten naß in naß übereinander, dann läßt sich die obere Farbe wegkratzen, so daß die untere hindurchkommt. Probieren Sie es aus: Walzen Sie eine Fläche erst mit einer hellen und dann mit einer dunklen Farbe regelmäßig und satt ein. Nun können Sie zu zeichnen beginnen, indem Sie Muster einkratzen: Kugelschreiber ohne Mine erzeugen dicke Striche, die Kante des Cutters hinterläßt interessante balkenartige Spuren, ein Kamm perfekte enge Linien. Dem Erfindungsreichtum sind auch hier keine Grenzen gesetzt. Probieren Sie aus, was Ihnen in die Hände fällt.

Tip

Der Fadentrick

Wenn Sie auf Stoff zeichnen wollen, bieten sich Textilstifte an, auch die Konturenfarbe für Seidenmalerei eignet sich. Hamid Zénati, der von sich selber sagt, daß er überhaupt nicht zeichnen könne, verwendet beides sehr selten. Er, der immer auf der Suche nach Methoden ist, die auch dem Zufall Raum lassen, zeichnet mit Fäden und nutzt ihre Eleganz. Denn dem Zufälligen haftet oft eine besondere Eleganz an, wie auch die gerissenen Papierschnitzel zeigten. Hamid Zénati pinselt einen Faden mit Farbe ein und läßt ihn langsam auf den Stoff herab. Dann drückt er ihn mit einem Papier fest und hebt den Faden ab. Zurück bleibt eine vollendet gewundene Fadenspur.

Den Fadentrick können Sie auch auf farbig ausgemalte Flächen anwenden, zum Beispiel um Karos zu verzieren.

PROJEKT 1
TISCH-DECKE

Vielbewundert und sehr begehrt ist Hamid Zénatis Tischdecke mit Molchen. Verkaufen will er sie nicht. Aber er hat uns verraten, wie sie entsteht. Erstaunlich einfach! Versuchen Sie es mit uns! Wir erläutern Ihnen Schritt für Schritt, was Sie tun müssen, und dokumentieren die Entstehung der Molchdecke mit vielen Fotos.

1. Spannen Sie den Stoff als erstes mit Reißzwecken oder Klebeband straff von allen vier Seiten auf. Legen Sie sich saubere Pinsel und Walzen zurecht, und überlegen Sie, mit welchen Farben Sie

Wenn der Stoff gespannt ist, kann die Bildfläche eingegrenzt werden.

arbeiten wollen. Die Tischdecke soll eine Bordüre erhalten, die wir aber erst ganz zuletzt gestalten. So grenzen wir zunächst die Innenfläche mit Klebeband ab.

2.

Der Molch wird mit dem Cutter aus selbstklebender Folie ausgeschnitten und ausgelöst.
Den exakten Umriß des Molches finden Sie in unserem Vorlagenbogen (Schablone Nr. 1). Schneiden Sie ihn aus, legen Sie ihn auf Folie, und zeichnen Sie den Umriß nach, oder walzen Sie einfach mit etwas Farbe darüber. Nun können Sie den Molch mit dem Cutter aus der Folie ausschneiden.

Ein Molch aus selbstklebender Folie ist entstanden.

3.

Die Molche sitzen in unregelmäßigen Feldern. Hier grenzt Gerold frei nach Augenmaß das erste Feld mit Klebeband ein.

Auf dem Stoff wird für den Molch ein Feld vorbereitet.

Die Walze wird gleichmäßig mit Farbe eingerollt.

4. Wenn das Schablonenpositiv des Molchs in das Feld geklebt ist, kann das Feld eingefärbt werden. Hier walzt Gerold die Malrolle auf einem zunächst separaten Stück Papier sorgfältig ein. Die Walze soll nicht zuviel Farbe aufnehmen, sonst wird der Stoff später steif.

Der Molch ist im Feld plaziert und wird nun einfach überwalzt.

5. Nun können Sie in aller Ruhe das Feld mit dem Molch einwalzen. Keine Angst, er klebt fest auf dem Stoff!

6. Die Klebebänder werden entfernt, und der Molch wird vorsichtig mit Hilfe des Cutters gelöst. Achten Sie darauf, daß die Schablonenrückseite völlig sauber ist, bevor Sie den Molch in das nächste Feld setzen.

Damit er keinen Schaden nimmt, wird der Molch vorsichtig gelöst.

7. Der Molch wird sorgfältig angedrückt. Sie müssen jedes Feld von neuem mit Klebeband eingrenzen. Lassen Sie zwischen benachbarten Feldern dabei einen kleinen weißen Rand stehen. Wiederholen Sie die Schritte 3 bis 7 so oft, bis der Stoff gefüllt ist.

Noch ein letztes Mal: Der Molch wird sorgfältig im eingegrenzten Feld plaziert.

Ein Fehler soll behoben werden. Er inspiriert zu einem schwarzen Muster.

Es hat geklappt – der schlimmste Fleck ist weg.

8. Beim Ausmalen des vorletzten Feldes ist ein Malheur passiert: Auf die Walze war etwas Schwarz geraten und hatte häßliche Flecken hinterlassen. Die schwarze Farbe läßt sich nachträglich weder abkratzen noch ganz mit Rot überdecken, es sei denn, man trägt dieses viel zu dick auf. Nutzen Sie lieber solche Fehler, um Ihr Muster weiterzuentwickeln.

9. Gerold hat einen Halbkreis aus Papier ausgeschnitten und den schlimmsten Fleck schwarz überwalzt. Papier eignet sich besonders gut als Schablonenmaterial, wenn man naß in naß arbeitet, da es sich an der feuchten Farbe festsaugt. Auch die restlichen fehlerhaften Stellen wird Gerold mit schwarzen Mustern abdecken.

10. Sie sehen: Das schwarze Ziermuster hat sich weiterentwickelt. Schneiden Sie aus Papier frei Formen

aus. Walzen oder pinseln Sie. Die schwarzen Pünktchen erhalten Sie durch ein gelochtes Papier.

Das schwarze Ziermuster schmückt den ganzen Stoff.

Ein Zierrand soll entstehen: Die Innenfläche wird mit Klebeband geschützt.

11.
Nun fehlt noch der Rand. Lösen Sie die Klebebänder, und spannen Sie das Innenfeld mit neuen ab. Wenn das Band ein wenig über die Farbfläche ragt, entsteht eine zarte Trennlinie.

12.
Schneiden Sie aus Papier ein schlichtes Zackenmuster. Sie müssen nun weder rechnen noch messen. Legen Sie die Schablone so an, daß ihr Rand immer an das vorhergehende Zackenmuster grenzt. Beachten Sie: Gerold arbeitet nicht von oben nach unten (aus seiner Sicht), sondern plaziert das erste Muster ganz oben und das zweite ganz unten. Das dritte setzt er unter das erste und das vierte über das zweite usw. So kann er – sollte das Muster nicht aufgehen – in die Mitte ein kleineres oder größeres Zackenmuster einfügen.

Ein einfaches Zackenmuster schmückt das Tuch.

13. Gerold löst das Klebeband. Wenn der Stoff getrocknet ist, müssen Sie ihn nur noch von der Rückseite bügeln, dann können Sie Ihr Tischtuch unbesorgt in Gebrauch nehmen.

Das Werk ist vollbracht!

WAND-BILD

Als zweites Projekt haben wir für Sie ein lustiges Hasenmotiv ausgesucht, das Ihnen viele Tricks verdeutlicht, die in der Schablonenmalerei immer wieder angewandt werden. Gestalten Sie mit uns dieses Wandbild! Wir begleiten das Projekt wieder Schritt für Schritt mit vielen anschaulichen Fotos und detaillierten Erklärungen vom Anfang bis zum Ende.

Eine bewegt schattierte Fläche soll den großen Hasenkopf umgeben, der zunächst ausgespart wird.

Der Kopf soll gestaltet werden. Die Umgebung wird mit dem Schablonennegativ geschützt.

1. Spannen Sie den Stoff gut, und schneiden Sie den Hasenkopf aus selbstklebender Folie aus (Vorlagenbogen: Schablone Nr. 2, vgl. dazu FREIE MUSTER S. 17, Tip). Plazieren Sie das Positiv, und pinseln oder gestalten Sie die Umgebung mit der Methode der „wandernden Kante" (vgl. PINSELN S. 15, ❸ und WALZEN S. 13, Tip).

2. Der Hasenkopf wird gelöst und das Schablonennegativ möglichst exakt auf dem Stoff plaziert.

3. Hier gestaltet Katrin als erstes das Auge: Es soll einen feinen Zickzackrand erhalten. Dazu schneidet sie aus einem Stück Folie mit dem Cutter ein Oval aus und setzt die Negativform in den Kopf. Dann verkleinert sie mit der Zickzackschere das Positiv und fügt es in die Negativform ein.

Zuerst erhält der Hase ein Auge. Ein feiner Zackenrand wird vorbereitet.

4. Nun können Sie den Zackenrand des Auges einfach auspinseln. Er wird vollkommen exakt aussehen.

Der Zackenrand wird angepinselt.

5. Die Schablonen für das Auge werden gelöst und enthüllen den perfekten Zackenrand. Noch ist das Auge nicht fertig, es soll ein Innenmuster erhalten. Dazu braucht Katrin eine Negativschablone, aus der ein Oval herausgeschnitten ist, das kleiner ist als das ursprüngliche Oval des Auges. Da sie keine durchsichtige Folie zur Verfügung hat, die sie einfach über das Auge kleben und mit dem Cutter entsprechend ausschneiden könnte, geht sie anders vor: Sie legt das Oval mit dem Zackenrand mit der klebenden Fläche nach oben auf ein anderes Stück Folie, zeichnet den Umriß ungefähr nach und schneidet mit dem Cutter ein etwas kleineres Oval aus. Werfen Sie das Oval mit dem Zackenrand nicht weg, sie brauchen es in Schritt 7 noch einmal!

Da ist das Auge! Aber es wirkt noch so leer!

Das Auge erhält eine große leuchtende Iris.

6. Mit dem Negativ der eben entstandenen Schablone decken Sie das Auge ab. Das Positiv müssen Sie aufheben, Sie werden es nachher brauchen. Katrin legt ein flaches Gitter über die Augenöffnung und walzt das Auge ein.

Richtig kariert schaut der Hase aus der Wäsche. Jetzt braucht er nur noch Schlitzohren.

7. Die abgelösten Schablonen enthüllen das wirkungsvolle Gittermuster. Da nun der Kopf farbig gestaltet werden soll, decken Sie am besten gleich das Auge wieder ab, indem Sie ein Oval schneiden, das leicht über den Zackenrand hinausreicht. Übertragen Sie dazu wie in Schritt 5 den Umriß des Zackenrandovals auf ein neues Stück Folie.

Die Schlitzohren entstehen. Der untere Teil des Kopfes wird dabei abgedeckt.

8. Die Ohren sollen lebhaft leuchten. Als erstes müssen Sie alles abdecken, was einen anderen Farbton erhalten wird. Zwei Keile aus Folie verwandeln die Ohren in Schlitzohren. Nach unten hin deckt Katrin den Kopf mit einem bogenförmig ausgeschnittenen Stück Papier ab. Die zweite Hälfte des Papiers hebt sie sorgfältig auf, denn sie wird sie gleich zum Abdecken des Ohrenteils benötigen.
Die Walze wird mit Farbstreifen präpariert und ganz langsam, ohne abzuheben, abgerollt (vgl. WALZEN S. 13, ❻).

9. In Schritt 8 sollten Sie die unbenutzte Hälfte des bogenförmig zugeschnittenen Papiers aufheben, denn mit ihr können Sie die Ohren abdecken. Sie paßt perfekt.

Der mittlere Teil des Kopfes erhält einen satten Farbton. Das Auge wurde zuvor mit Folie abgedeckt.

Für den unteren Teil des Kopfes schneidet Katrin Zacken in einen Bogen Papier. Die mittlere Fläche des Kopfes wird blau gewalzt.

Nun folgt der untere Teil, also muß der mittlere geschützt werden.

10. Der blaue Teil des Kopfes wird abgedeckt. Da die beiden Farbbereiche des Kopfes durch eine helle Zwischenlinie voneinander getrennt sein sollen, läßt Katrin das Abdeckpapier etwas über die blaue Farbe hinausreichen.
Falls Ihnen einmal die zweite Hälfte einer Schablone fehlt, mit der Sie eine gemalte Fläche abdecken wollen, machen Sie sich einfach einen Abdruck der ersten, und schon können Sie die zweite neu schneiden.

Wenn alles gut abgedeckt ist, kann unbesorgt gewalzt werden.

11. Der untere Teil des Hasenkopfes wird mit leuchtend roter Farbe gleichmäßig eingewalzt.

Raffiniert: Papierschnitzel haften gut auf feuchter Farbe.

12. Hier entsteht ein Negativmuster. Katrin legt kleine Schnitzel aus gut saugendem Papier (z.B. Zeitungspapier) in die nasse Farbe.

Tupft man die Schnitzel noch etwas fest, kann man über sie hinwegpinseln.

13. Sie tupft die Schnitzel mit dem Pinsel fest und beginnt die Fläche schwarz zu übermalen. Dabei müssen Sie etwas vorsichtig sein, damit die Papierschnitzel nicht aus Versehen verrutschen.

14. Nun „zeichnet" Katrin mit dem Cutter und danach mit einem Kugelschreiber ohne Mine feine Muster in die nasse Farbe, so daß das Rot durchschimmert.

Noch ist es kaum zu sehen, das Muster, das um die Papierschnitzel herum eingekratzt wird.

15. Endlich ist es so weit: Die Papierschnitzel werden abgehoben und legen strahlend rote Muster frei.

Unter den Schnitzeln tritt das leuchtende Rot zutage.

16. Die Schlitze in den Ohren sollen einen schwarzen Innenkeil erhalten, der etwas kleiner ist als der helle Keil. Katrin deckt die Ohrenspitze mit zwei Streifen Klebeband ab und schneidet frei mit dem Cutter einen Innenkeil aus.

Die Schlitze in den Ohren sollen angemalt werden. Aber erst muß man die Umgebung abdecken.

Die Ohren erhalten schwarze Keile.

17. Die Ohrenspitze wird schwarz gewalzt. Wiederholen Sie denselben Vorgang bei dem zweiten Ohr.

Nun kann der Kopf endlich freigelegt werden.

18. Die Hasenschablone wird abgezogen, und endlich kann man das Kunstwerk als Ganzes betrachten. Sind Sie zufrieden? Katrin war es nicht, wie Sie in Schritt 21 sehen werden: Vor allem die Ohren hoben sich nicht genügend von der Umgebung ab.

Das Auge braucht unbedingt eine Pupille!

19. Aber bevor sie sich diesem Problem widmet, fügt sie die Pupille des Auges ein: Walzen lassen sich vielseitig verwenden.

20. Die umge-
bende Fläche
erscheint Katrin
trotz Schattierung etwas
langweilig. Nach kurzem
Überlegen locht sie ein
Stück Papier und belebt die
Fläche durch viele kleine
schwarze Punkte.

*Es macht richtig
Spaß! Ziermuster
können ganz ein-
fach sein!*

Die Ohren brauchen eine schwarze Umrandung, damit sie sich besser absetzen.

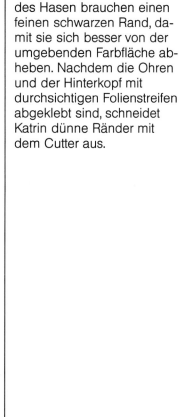

21. Inzwischen hat sich Katrin zu einem weiteren Eingriff entschlossen: Die Ohren und der Hinterkopf des Hasen brauchen einen feinen schwarzen Rand, damit sie sich besser von der umgebenden Farbfläche abheben. Nachdem die Ohren und der Hinterkopf mit durchsichtigen Folienstreifen abgeklebt sind, schneidet Katrin dünne Ränder mit dem Cutter aus.

Nachdem alle Partien, die eine Umrandung erhalten sollen, mit durchsichtigem Klebeband abgedeckt sind, können die Ränder ausgeschnitten und vorsichtig ausgelöst werden.

22. Die feinen Ränder, die die Ohren und den Hinterkopf betonen sollen, werden sorgsam mit Hilfe des Cutters ausgelöst.

23. Überprüfen Sie in solchen Fällen, bevor Sie zu pinseln beginnen, ob Sie überall breit genug abgedeckt haben, damit der Pinsel auch Platz hat. Die Ränder werden eingefärbt.

24. Fertig! Katrin entfernt die Folie. Lassen Sie den Stoff trocknen, und fixieren Sie später die Farbe, indem Sie den Stoff von der Rückseite her bügeln.

Die feine Schneide-arbeit ist gelungen, die Ränder werden angepinselt.

Es ist soweit: Die letzten Folien werden entfernt.

GALERIE

Wie oft kommt man aus der Stadt, unzufrieden, weil der einzige Vorhang, der gefiel, viel zu teuer war, das moderne Sofa das Budget völlig sprengen würde und die gekaufte Tischdecke im Grunde langweilig ist. Also bleibt das alte Sofa ein Dorn im Auge, man entschließt sich zu unifarbenen Vorhängen und geht auf die Suche nach exotischem Geschirr.
Wir geben Ihnen hier viele Anregungen zu eigenen Motiven und Tips, wie Sie unsere Muster nachahmen können.

Vom Tisch zur Tafel

Bei Tischdecken gelten zwei Faustregeln: Kleine Muster und helle Farben erweitern die Tafel. Große Muster und dunkle Farben sorgen für Gemütlichkeit.
Jede Farbe ist möglich, nur Grün sollten Sie meiden, da es so beruhigend ist, daß es den Appetit verschlagen kann. Appetitanregend wirken Orange- und Brauntöne.

Ein fröhlicher Blickfang

Rot ist die stimulierendste, aber auch aggressivste aller Farben. Fröhliches Gelb und das schweigsame Weiß zähmen die gefährliche Farbe und lassen sie frechfreundlich wirken.

Tips zum Nachahmen

Spannen Sie für den Wellenrand pro Seite jeweils zwei lange Klebebandstreifen, und schneiden Sie die Wellenlinien frei heraus (vgl. LINIEN S. 20); beim Walzen grenzen Sie die einzelnen Farbbereiche jeweils von rechts und links mit gerissenem Papier ein (vgl. PAPIERKANTEN ALS ABDECKUNG S. 24/25). Die Quadrate in der Mitte werden mit Klebeband abgeklebt und stückweise gewalzt; wieder dienen Papierkanten als Abdeckung. Die Figuren (Schablone Nr. 3) sind immer gleich, aber jeweils mit Hilfe zurechtgeschnittener Papierkanten etwas anders eingefärbt.

Schneiden Sie die Schablone aus selbstklebender Folie aus, und vergessen Sie nicht, bevor Sie die Form auswalzen, das Auge abzudecken. Ist die Figur farbig, decken Sie sie mit ihrem Schablonenpositiv ab und tönen das Auge.

Vielleicht rätseln Sie bereits: Wie kommen die schwarzen Formen unter die hellblauen Labyrinthe (Schablonen Nr. 4 und 5)? Das geht ganz einfach: Ist das zarte Positiv des Labyrinths (Folie) auf dem Stoff plaziert, schneiden Sie einen Kreis aus Papier aus und walzen mit Hilfe des Schablonennegativs den schwarzen Kreis. Dann decken Sie den Kreis mit dem Positiv ab, grenzen rings um das Labyrinth mit Klebeband das Feld ein und können es farbig walzen.

Den Seestern finden Sie im Vorlagenbogen als Schablone Nr. 6.

Die Zacken für den Zackenrand schneiden Sie frei aus Papier aus und arbeiten immer von außen nach innen (vgl. S. 36/37)

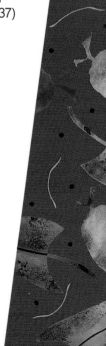

Klare Kontraste für die festliche Tafel

Während gegenständliche Muster versöhnlich oder etwas verspielt anmuten, wirken geometrische Muster eher formell. Schwarz, Weiß, Grau und starke Kontraste unterstreichen diese Strenge, die als abweisend empfunden werden kann, wird sie nicht gemildert: durch einen farbenprächtigen Blumenstrauß auf dem Tisch oder auch dadurch, daß Sie die Muster nicht zu perfekt und zu symmetrisch ausführen.

Tips zum Nachahmen

Dieses Muster ist nur scheinbar streng geometrisch, denn es ist sehr frei gearbeitet. Die gegenüberliegenden Seiten sind immer nur ähnlich, nie exakt gleich. Ein solches Vorgehen erspart viel Mühe, und gleichzeitig ist das Resultat lebendiger als absolut regelmäßige Muster. Die Rahmenelemente sind schnell mit Klebebändern eingegrenzt. Die breite Bordüre an den Längsseiten ist ein schönes Beispiel für die „wandernde Kante" und einen schattierenden Pinselstrich (vgl. PINSELN, S.15, ❸ und WALZEN S.13, Tip). Arbeiten Sie bei gemusterten Rändern immer von außen nach innen, damit das letzte Element in der Mitte sitzt (vgl. S. 36/37).

Sensibles Gleichgewicht – leuchtende Natur, kühl präsentiert

Die Farben Violett, Grün und Gelb sind eine klassische Kombination, bei der sich die Charaktere der Farben harmonisch ausgleichen. Das warme Gelb belebt das kühle Violett, Grün als Farbe mittlerer Temperatur beruhigt den Kontrast. So bleibt das Muster trotz kräftiger Farben dezent.

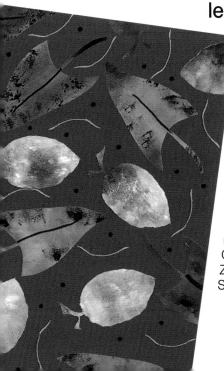

Tips zum Nachahmen

Walzen Sie die Zitronen (Schablone Nr. 7) marmoriert in verschiedenen Gelbnuancen (vgl. WALZEN S. 12, ❷), und tönen Sie sie am Stiel mit etwas Grün ein. Auch die Blätter (Schablone Nr. 8) sind marmoriert gewalzt und mit dem Pinsel leicht schwarz schattiert. Fönen Sie bei einem solch engen Muster die fertigen Formen trocken, bevor die nächsten kommen, damit die Schablonenrückseite immer sauber bleibt.

Vorhang ganz privat

Dunkle Stoffe und große Muster wirken auf senkrechten Flächen raumverkleinernd, helle Stoffe raumerweiternd. In einem Nordzimmer sollten Sie helle und warme Farben bevorzugen und das Muster durch Akzente leuchtender Farben beleben.

Testen Sie Ihr Vorhaben an einem Probestoff. Wollen Sie Ihren Vorhang bei Tageslicht zuziehen, müssen Sie ausprobieren, wie der Stoff und das Muster wirken, wenn von hinten Licht einfällt.

Meist ist die Arbeitsplatte nicht groß genug, um den ganzen Stoff auf einmal spannen zu können. Dann geht man stückweise vor. Man verwendet Reißstifte, nicht Klebeband, damit sich alle vier Seiten spannen lassen.

Farbmischungen werden in großen Mengen angerührt. Verteilen Sie eine Form möglichst über alle Stoffbahnen, bevor Sie zur nächsten schreiten, auch wenn Sie dabei die Bahnen immer wieder neu aufspannen müssen.

Belebend – ein helles Muster mit Rot und Gelb

Fröhliches Gelb läßt einen tristen Ausblick aus dem Fenster freundlicher wirken. Das stimulierende Rot als Akzent entzieht dem Fensterausblick zusätzlich die Aufmerksamkeit. Die Kombination mit Grün und die blumig anmutenden Muster bringen Sonne und Natur in den Raum.

Tips zum Nachahmen

Das Muster muß nicht allzu dicht sein. Da der Vorhang Falten wirft, rücken die Muster optisch aneinander. Das hier gezeigte Muster ist ein typisches Beispiel für eine sogenannte Transformation: Man beginnt mit einer Form, die man auf dem Stoff verteilt, und läßt sich von ihr zu angrenzenden Formen inspirieren. Dabei können die Formen perfekt ineinandergreifen (vgl. SCHABLONEN S.11, Tip), kleine Abstände zueinander wahren oder auch naß in naß übereinander gelegt werden. Beachten Sie aber, daß sich hierbei die Farben vermischen.

Warm und kalt – eine Verlockung fürs Auge

Dieses dominante Muster kann nicht in jedem Raum hängen. Der dunkle und kühle Grundton des Stoffes verlangt nach Sonne und Licht. Die Sonnenblumen passen gut zu einem warmen Parkettboden, dessen Ton sich im Rot und Gelb widerzuspiegeln scheint.

Tips zum Nachahmen

Schneiden Sie die großen Sonnenblumen (Schablone Nr. 9) aus Folie aus. Die vielen Zacken würden bei Papier zu schnell wellen. Da sich das Rot des Zentrums ruhig mit dem Gelb mischen darf, muß nicht ausgespart werden: Walzen Sie also die ganze Form gelb marmoriert ein (vgl. WALZEN S. 12, ❷), und schattieren Sie die Blütenblätter, indem Sie mit dem Pinsel etwas dunkle Farbe auftupfen (vgl. PINSELN, S. 15, ❷). Nun schneiden Sie aus Papier eine Schablone für die roten Blütenmitten (Schablone Nr. 10). Malen Sie einfach über die noch feuchte gelbe Farbe. In unserem Beispiel wurde mit wenig Farbe und hartem Pinsel getupft, damit die roten Kreise nicht zu geschlossen wirken. Zuletzt fügen Sie die kleinen Sonnenblumen (Schablone Nr. 11) hinzu.

Eigene Möbelstoffe

Nichts verwandelt ein Sitzmöbel so sehr wie der Bezug. Hier haben Sie alle Freiheiten. Je nach Geschmack können Sie kleine oder große Muster malen, helle oder dunkle Stoffe verwenden, leuchtende oder dezente Farben wählen. Die meist kleinen Flächen von Stühlen regen zu flächigen Arbeiten an, wie wir Sie Ihnen hier in vier Varianten vorstellen. Innenarchitekten kombinieren nicht jede Farbe mit jedem Holz. Zu Birnbaum-, Kirsch- und Buchenholz werden Blau, Grün, Grau, Beige, Weiß und Malvenfarbe empfohlen. Nußbaum verträgt sich mit Grau-, Beige- und Goldtönen gut, Palisander mit Grau- und Sandtönen. Mit Eschenholz harmonieren Grün und Dunkelrot, mit Mahagoniholz Grau, Blaugrau, Gelb und Grün. Eichenholz sieht mit Rot, Braun, Grün und Weiß sehr schön aus, während zu Teak dunkle und matte Blau-, Grau- und Grüntöne passen. Intarsien verlangen Pastelltöne.

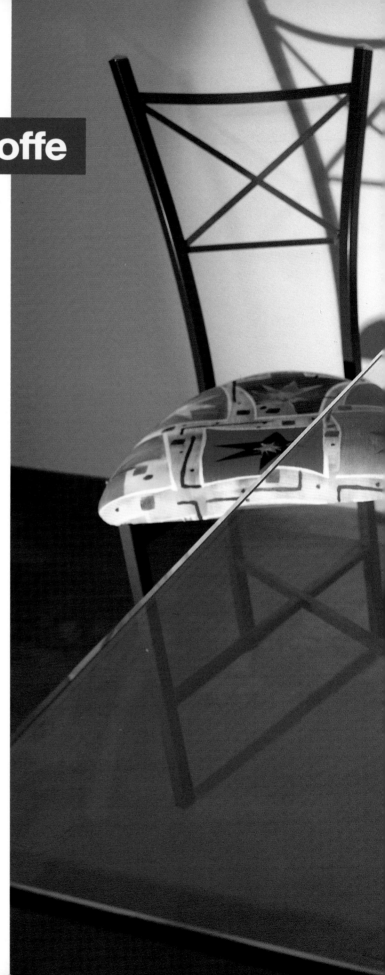

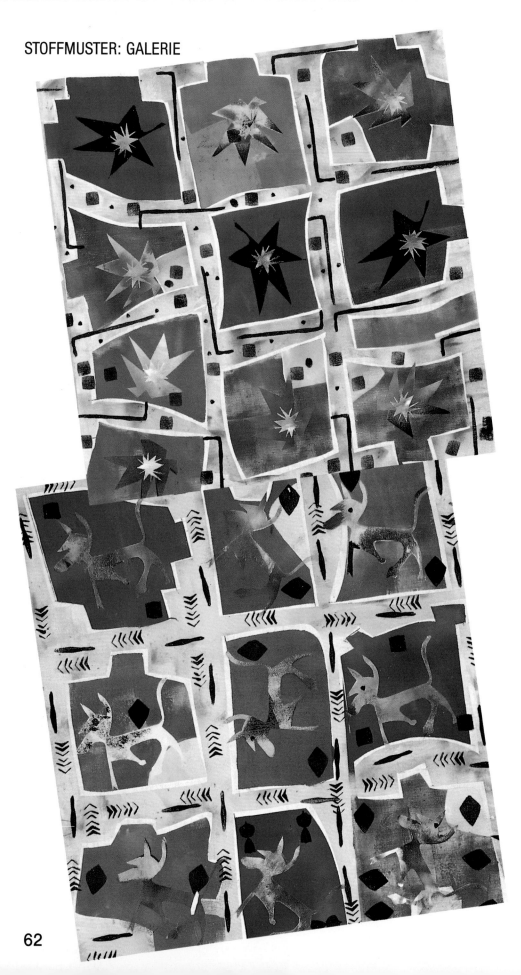

Farbige Felder

Diese Muster sehen weit schwieriger aus, als sie sind. Die Muster können hier naß in naß eingearbeitet werden, so daß umständliche Abdeckverfahren wegfallen. Dadurch vermindert sich die Leuchtkraft der Farben, und das aufgesetzte Muster fügt sich harmonisch in die Fläche ein.

Tips zum Nachahmen

Da man es nicht sieht, sei es gesagt: Der Stoff war ursprünglich weiß. Überspannen Sie den ganzen Stoff mit Folie, und schneiden Sie Streifen heraus, so daß nur noch die Fenster von Folie bedeckt sind. Walzen Sie die Streifen mit Farbe ein. Lösen Sie die Folie von den Fenstern, und überkleben Sie wieder den gesamten Stoff mit einer durchscheinenden Folie (die Farbe muß nicht trocken sein). Nun werden die Fenster herausgeschnitten und abgelöst (wenn Sie sie etwas kleiner als ursprünglich schneiden, entsteht nachher ein Rand). Färben Sie die Fenster mit der Walze ein. Die Ahornblätter (Schablone Nr. 12) oder die Hunde (Schablone Nr. 13) werden jetzt in die nasse Farbe gesetzt: Schwarz mischt sich kaum, Weiß ergibt sehr zarte, schön marmorierte Töne. Die kleinen schwarzen Zierelemente folgen ganz zuletzt.

Blüten ganz abstrakt

Dieses Blumenmuster bedarf einer näheren Erläuterung, denn die Vorgehensweise ist sehr raffiniert. Nicht das Ultramarin, sondern das Grün ist die Grundfarbe des Stoffes! Wie also kann dieses Muster entstehen?

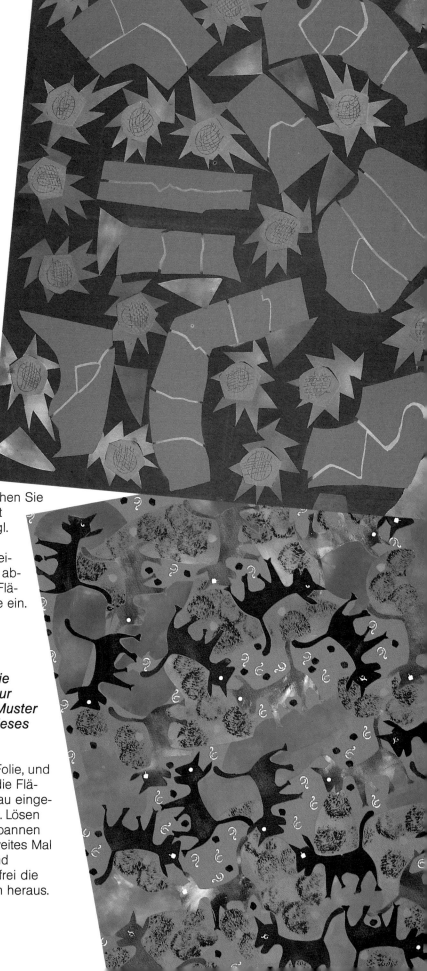

Tips zum Nachahmen

Den Auftakt machen die grünen Elemente, die als frei geschnittene Folienstücke auf den Stoff geklebt werden. Nun walzen Sie die restliche Fläche gleichmäßig ultramarin ein.

Jetzt entstehen die Blumen: Dazu kleben Sie sich eine Doppelschablone (ähnlich wie unter ABDECKEN S. 22 beschrieben): Schneiden Sie die Blütenschablone Nr. 14 und die Schablone Nr. 15 für die leuchtenden Mitten aus Folie aus. Kleben Sie das Negativ der Blütenschablone und das Positiv der Mitte so aufeinander, daß eine Schablone für die Blütenblätter entsteht, die das Zentrum frei läßt. Dasselbe wiederholen Sie mit der Blütenschablone Nr. 16 und der Schablone Nr. 17. Nun walzen Sie mit Weiß die Blütenformen auf die noch feuchte violette Farbfläche. Fönen Sie die Blüten trocken, und füllen Sie die Blumenzentren mit Hilfe des Schablonennegativs von Nr. 15. Zuletzt versehen Sie die Blütenmitten mit einer Zeichnung (vgl. ZEICHNEN S. 27), schneiden frei die feinen Linien aus den abgedeckten grünen Flächen und färben sie ein.

Hunde zwischen Wolken

Flächen wirken abstrakt modern, so daß auch die Kombination mit den niedlichen Hunden nicht nur für das Kinderzimmer geeignet ist. Bei diesem Muster wird immer sorgfältig abgedeckt, dennoch ist dieses Motiv ganz einfach.

Tips zum Nachahmen

Die Hunde werden in mehreren Farben frei über den Stoff verteilt. Dann werden die umgebenden Flächen hinzugefügt. Überkleben Sie dazu den ganzen Stoff mit durchscheinender Folie, und schneiden Sie frei die Flächen heraus, die blau eingewalzt werden sollen. Lösen Sie die Folie, überspannen Sie den Stoff ein zweites Mal mit Klarsichtfolie, und schneiden Sie nun frei die lilafarbenen Flächen heraus.

Tagesdecken – vielseitig und elegant

Möbeln Sie Ihr altes Sofa auf, anstatt es wegzuwerfen! Eine Tagesdecke, großzügig über das Sofa geworfen, läßt nicht nur den verschlissenen Bezug verschwinden, sondern versteckt auch aus der Mode geratene Lehnen und Rückenteile.

Wichtig ist, daß der Stoff groß genug ist: Er muß üppig sein, damit er weich und elegant fallen kann. Aus diesem Grund sollten Sie Farbe möglichst dünn auftragen. Eine dunkle Tagesdecke kann massive Möbel leichter wirken lassen. In engen Räumen sollten Sie jedoch hellen, kalten Farben den Vorzug geben, in dunklen Räumen und Nordzimmern hellen, warmen Farben, die von leuchtenden Akzenten belebt werden.

In einem sonnigen Arbeitszimmer können Sie das konzentrationsfördernde Blau, eventuell kombiniert mit dem beruhigenden Grün, verwenden. Blau läßt Holztöne schön warm hervortreten.

Grätenmuster mit goldenen Tropfen

Diese Tagesdecke eignet sich wunderbar für sonnige Räume, die das kühle Blau vertragen und das Gelb aufblitzen lassen.
Die Komposition wirkt ausgesprochen dynamisch: Die vielen Pfeile streben kraftvoll nach außen, während die kleineren Elemente zu schweben und teilweise zu hängen scheinen.
Das Muster ist unsymmetrisch angelegt und folgt doch gewissen Regeln.

Tips zum Nachahmen

Versuchen Sie nicht, dieses Muster exakt nachzuahmen. Die vielen kleinen Teile genau zu plazieren ist fast unmöglich. Wichtiger ist , daß Sie erkennen, wie Sie ein solches Muster entwickeln können.
Hier war es kein Rand, keine Bordüre, die als Leitidee diente. Der Stoff wird auch nicht frei oder regelmäßig mit Mustern gefüllt, statt dessen wurde die Idee ausgehend von der bunten, gezackten Mittellinie entwickelt. Sie wurde als erstes von beiden Seiten mit Klebeband eingegrenzt und gelb und blau gefärbt (vgl. PAPIERKANTEN ALS ABDECKUNG, S. 24/25). Die blauen Teile wurden jeweils nach außen hin ausgeweitet – und plötzlich war die Idee da: Wie Gräten entstanden braune, schwarze und graue Zacken an der Mittelrippe (immer durch Abkleben mit Klebeband). Der Rest ist nur noch freies Spiel: Feine Linien wurden eingezogen (vgl. LINIEN, S. 20), freie Flächen angefügt und schwebende Elemente, wie die Tropfen, integriert. Die kleinen Zierelemente wurden in die feuchten Flächen gesetzt.

Mut zum Risiko

Wer kein separates Schlafzimmer hat, wünscht sich häufig eine Tagesdecke, die möglichst wenig nach Schlafzimmer aussieht. Rot hat diese Wirkung. Als aktivierende, energiespendende Farbe wäre es hingegen in einem Schlafzimmer fehlplaziert.

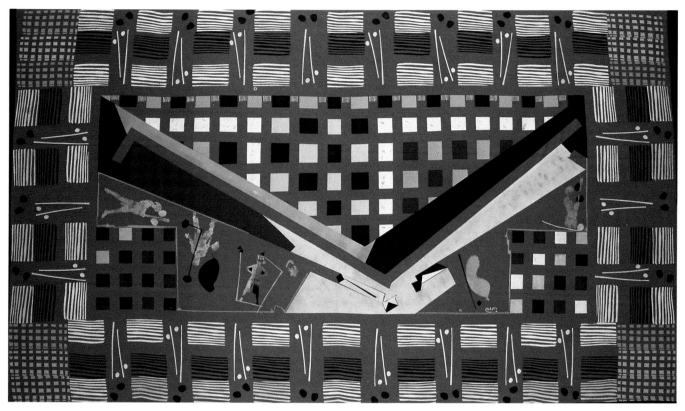

Tips zum Nachahmen

Grenzen Sie als erstes das ganze Innenfeld mit vier langen Klebebandstreifen ein, und gestalten Sie den Rand (Schablone Nr. 18, vgl. S. 36/37). Die regelmäßigen Abstände können Sie leicht einhalten, wenn Sie sich am Rand der Schablone orientieren und von außen nach innen arbeiten. Schneiden Sie ihn ab, falls er zu breit ist, und verlängern Sie ihn, falls er zu schmal ist. Die Gitter-

schablone für die Ecken kleben Sie am besten aus schmalen Folienstreifen zusammen (vgl. SCHABLONEN S. 11, ❷).
Wenn Sie für das helle Zierelement „zwei Linien mit zwei Punkten" nur eine Schablone (Nr. 19), statt mehrere schneiden, sind die Abstände der Einzelteile garantiert immer gleichbleibend. Dasselbe gilt für die beiden schwarzen Zierpunkte.
Die Gestaltung des Innenraumes beginnt mit einem großen Winkel aus Klebeband, an den die gelben,

schwarzen, braunen und rosafarbenen Flächen frei angegliedert werden.
Senkrechte und waagrechte Streifen Klebeband ergeben die Karomuster, die in verschiedenen Farben ausgewalzt werden.
Die Figuren (Schablonen Nr. 20, Nr. 21, Nr. 22 und Nr. 23), die frei ausgeschnittenen Linien (vgl. LINIEN S. 15) und andere kleine Zierelemente, die Sie ganz nach Gefühl schneiden können, verteilen Sie zuletzt.

Bettbezüge zum Kuscheln

Ein Schlafzimmer muß nicht langweilig sein, um Entspannung und Ruhe zu spenden. Lustige Muster auf einer ruhigen Grundfarbe tun der Seele genauso gut wie dezente Streifen oder edle Schnurmuster.

Wie bei Vorhängen gilt es bei Bettbezügen, mehrere Meter Stoff zu bemalen. So wird man sich vor flächigen Arbeiten, wie etwa bei den Möbelstoffen, hüten, und Muster bevorzugt frei verteilen.

Bei Bettbezügen ist nicht jede Farbe angebracht. Leuchtend intensive Farben sollten Sie meiden, wenn Sie ein etwas nervöser Mensch sind. Vor allem Rot kann zu Schlafbeschwerden führen. Neben den klassischen hellen und zarten Farbtönen eignen sich Blau und Grün gut als Grundfarben, da sie sehr beruhigend sind.

Denken Sie bei Bettbezügen daran, zwischen die beiden Lagen Stoff Zeitungspapier zu schieben, damit die Rückseite des Bezuges geschützt ist.

Strahlendes Erwachen

Gelbe Akzente können fröhlich wirken, ohne zu stören. In einem Ostzimmer läßt die Sonne morgens die Farbe leuchten und macht richtig munter.

Tips zum Nachahmen

Da der rötliche Strahlenkranz der Sonne Gelb enthält, bietet sich als einfachste Vorgehensweise die folgende an: Schneiden Sie die Sonne aus Folie aus (Schablone Nr. 24), und walzen Sie mit Hilfe des Schablonennegativs die gesamte Sonne zunächst gelb aus. Lösen Sie die Schablone noch nicht! Schneiden Sie aus Papier einen passenden Kreis aus (Schablone Nr. 25), decken Sie die Mitte des Strahlenkranzes mit dem Kreis ab.

Verwenden Sie eine zweite Walze, und walzen Sie nun mit Orange erneut über die Strahlen. Heben Sie den Papierkreis ab, und pinseln Sie mit Hilfe einer Schablone aus Papier (Schablone Nr. 26) das Gesicht. Wenn alle Sonnen auf diese Weise über den Stoff verteilt sind, fügen Sie ganz nach Geschmack weitere Zierelemente hinzu. Sie können sie frei schneiden oder unserem Beilagebogen entnehmen; Mond: Schablone Nr. 27; kleiner Stern: Schablone Nr. 28; gelochtes Papier ergab die schwarzen und gelben Punkte.

Entspannte Ruhe

Schwarz ist zwar ruhig, aber kann sehr trist wirken. Wenn Sie den Stoff jedoch wie hier dicht mit einem Muster füllen, verleiht der schwarze Grundton dem Muster eine angenehm dezente Ausstrahlung.

Tips zum Nachahmen

Dieses Muster birgt nur eine Schwierigkeit: Da die Formen sehr nah beieinander liegen, müssen Sie gut darauf achten, daß die Schablonenrückseite immer sauber und trocken ist. Versehentliche Farbflecken lassen sich nicht mehr entfernen, man kann sie nur mit einem weiteren Muster überdecken. Da der Stoff sehr dunkel ist, werden die Farben mit viel Weiß gemischt. Wenn Sie wie hier einen leicht schattierten Farbauftrag erhalten wollen, vermischen Sie die Farben nur leicht miteinander, bevor Sie sie mit der Walze aufnehmen.

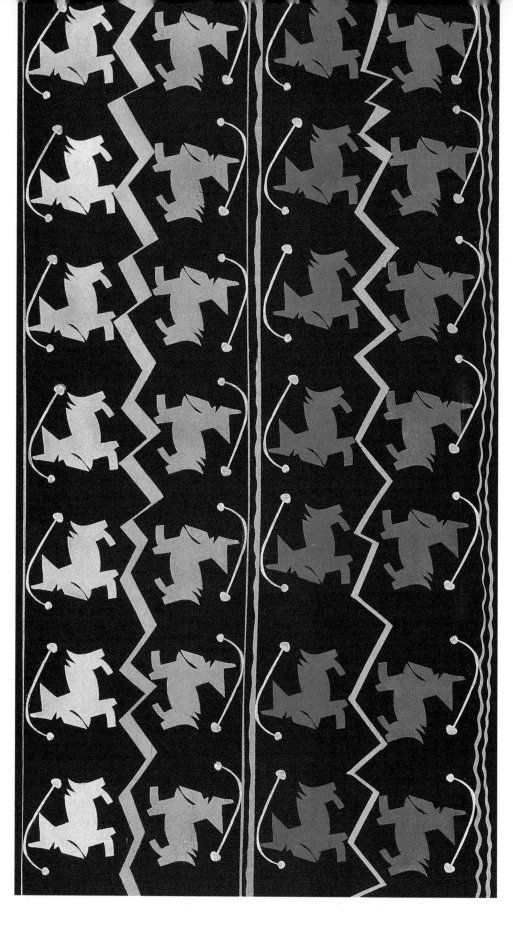

Tierkolonnen

In einem Schlafzimmer mit warmen Holztönen macht sich ein kräftiges Grün gut. Grün ist eine so ruhige Farbe, daß es auf manche Menschen deprimierend wirken kann. Aufhellung mit Weiß und Unterbrechungen durch warme Farben wirken sich wohltuend belebend aus.

Tips zum Nachahmen

Beginnen Sie dieses Muster mit den Zacken- und Wellenlinien: Spannen Sie Klebeband in regelmäßigen Abständen über den ganzen Stoff, und schneiden Sie die Zierlinien mit dem Cutter frei heraus (vgl. LINIEN S. 20). Wenn die Linien mit dem Pinsel ausgemalt sind, entfernen Sie die Klebebänder, warten, bis die Farbe trocken ist, und setzen dann die lustigen Hunde (Schablone Nr. 29) in die Zwischenräume. Der Schablonenrand dient als Orientierung für die Abstände.

Sind die Hunde trocken, können Sie nach Belieben noch weitere Zierelemente hinzufügen.

Schnurmuster

Kaum zu glauben, daß dieser Stoff von Hand gemalt ist. Tatsächlich wirken Schnur- und Streifenmuster besonders perfekt und sind doch gleichzeitig leichter herzustellen als jedes andere Muster.

Tips zum Nachahmen

Für dieses Muster benötigen Sie sehr viel Klebeband. Die Bänder werden mit kleinen Abständen über den Stoff gespannt (vgl. LINIEN S. 20). Dann schneiden Sie frei mit dem Cutter jeweils eine Wellenlinie heraus und pinseln die Linien und Wellen mit Farben Ihrer Wahl aus. Lösen Sie die Klebebänder, und decken Sie den Stoff erneut mit Klebebändern ab. Schneiden Sie wieder Wellenlinien heraus, und färben Sie nun diese ein. Falls Sie weniger Material verbrauchen wollen, können Sie das Muster auch aus Folienstreifen stückweise zusammensetzen (vgl. LINIEN S. 21).

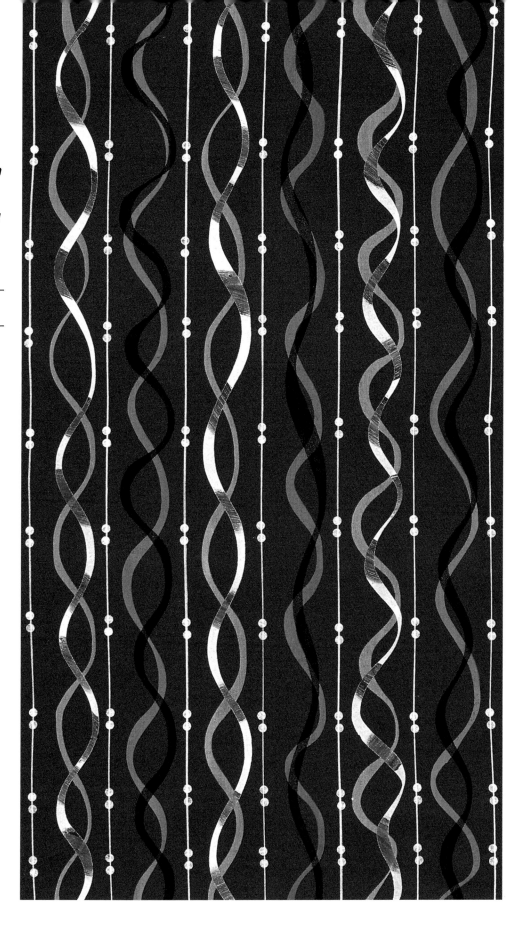

Kissen – farbig und stark

Ob Sie sie als kleines Kunstwerk gestalten oder als knallbunt freche Akzente – Kissen prägen die Atmosphäre Ihres Raumes und geben ihm eine ganz persönliche Note. Sie können gemütlich und freundlich zum Sitzen und Plaudern einladen, sie können stilvoll auf dem Sofa thronen oder als leuchtende Farbkleckse ansteckend fröhlich wirken.

Jede Stilvariante ist denkbar: Ein schlichtes, vielleicht etwas unregelmäßiges Schachbrettmuster in Schwarzweiß als elegantes I-Tüpfelchen im modernen Wohnzimmer, eine Komposition aus zwei leuchtenden Farbflächen als feuriger Akzent im nüchternen Raum, lustige, bunte Tiere für das Kinderzimmer oder kleine Blümchenmuster in warmen Naturtönen für eine rustikale Sitzbank.

Oder Sie gestalten Kunstwerke wie die Blütenkompositionen in unseren Beispielen, die einmal nicht an der Wand hängen, sondern Ihr Sofa verschönern.

Blütenstilleben

Das Nützliche an Schablonen ist, daß man sie immer und immer wieder einsetzen kann. Es gibt aber auch Anwendungen, bei denen eine Schablone nur ein einziges Mal verwendet wird. Etwa, wenn man wie hier ein Bild malen will. Wozu dann noch Schablonen?, könnten Sie sich fragen. Weil jede Technik den Stil prägt: Ein frei mit dem Pinsel gemaltes Bild wirkt völlig anders als ein mit Schablonen erstelltes. Schablonenmalerei ist grundsätzlich flächig und wirkt dekorativ. Kleine Zierelemente verstärken diesen Charakter.

Tips zum Nachahmen

Sie würden den Spaß an der Schablonenmalerei verlieren, wenn Sie versuchten, unsere Motive exakt nachzuahmen. Nutzen Sie sie statt dessen als Inspiration, wie man mit verschiedenen Arten des Farbauftrags spielen kann

Herbstlaub

Wenn Sie nach Formen suchen, gehen Sie am besten spazieren. Die Natur wird Sie auf viele Ideen bringen.

Tips zum Nachahmen

Sammeln Sie Herbstblätter! Legen Sie sie auf Folie oder Papier, und walzen Sie einmal darüber. Nun können Sie den perfekten Abdruck ausschneiden.

(vgl. WALZEN S.12/13 und PINSELN S.14/15), Bilder mit und ohne Rahmen gestaltet und dekorative Zierelemente einfügt. Versuchen Sie einmal, einen prächtigen Blumenstrauß zu komponieren. Entwickeln Sie die Blütenformen entweder aus der Phantasie, oder nehmen Sie ein Blumenbuch zu Hilfe: Legen Sie Transparentpapier über die ausgesuchte Abbildung, und zeichnen Sie den Umriß nach. Kleine Details lassen Sie weg, komplizierte Formen vereinfachen Sie. Sie können dann die Zeichnung mit dem Kopierer vergrößern und ausschneiden. Verwenden Sie sie direkt als Papierschablone, oder übertragen Sie sie auf Folie (vgl. S. 18, Tip).

Bunte Sommerstoffe

Mit den Blumen kommen die Farben. Wenn alles wuchert und blüht, ist jeder Übermut, jede noch so gewagte Farbkomposition im Garten oder auch am Strand erlaubt. Die Farben sollen leuchten wie die Sonne, erheitern wie die Blumen, von Leben sprühen.
Die Farben und Muster auf den Gartenstühlen, auf den Tischdekken oder auf dem alten Strandstuhl sollen im Sommer Garten und Balkon in fröhliche Paradiese verwandeln. So greift man zu reinen, leuchtenden, intensiven Farben und steigert bisweilen die Leuchtkraft noch, indem man komplementäre Farbtöne nebeneinander setzt: Gelb mit Violett, Rot mit Grün, Blau mit Orange. Komplementäre Farben bringen ein Muster zum Schwingen.

Liegestuhl, dynamisch gestreift

Sehr modern und sonnig wirkt dieses Streifenmuster, das von einem dynamischen schwarzen Zickzackbalken kontrastiert wird. Ganz wichtig ist bei diesem einfach herzustellenden Muster die kleine perspektivische Verschiebung: Die Streifen sind leicht diagonal angeordnet.

Tips zum Nachahmen

Als erstes teilen Sie den gelben Stoff mit einem langen, leicht diagonal von oben nach unten verlaufenden Klebeband in zwei Teile: Links grenzt es an die dicken Balken, rechts an die dünne blaue Linie. Weitere Klebebandstreifen ergeben die senkrechten und waagrechten Balken. Mit einem etwas schmaleren Klebeband erzeugen Sie die dünne blaue Linie, die oben in ein Dreieck einmündet. Walzen Sie die Balken gleichmäßig mit Farbe ein. In der roten Fläche sitzen Negativmuster, die aus Folie ausgeschnitten und plaziert werden (Schablonen Nr. 30 bis 34).
Legen Sie oben eine zackig ausgeschnittene Papierkante an (vgl. PAPIERKANTEN ALS ABDECKUNG S. 24/25) – den zweiten Teil des Papiers heben Sie auf! –, und walzen Sie die Fläche rot ein. Lösen Sie die Schablonenpositive, schneiden Sie aus Papier die Schablone Nr. 35 aus, und setzen Sie mit Hilfe des Schablonennegativs die rosafarbene Form in den gelben Kreis.
Kleben Sie nun das Folienpositiv Nr. 36 in den oberen Teil, der blau werden soll. Decken Sie die rote Fläche

mit dem zweiten Teil des Zackenpapiers ab, so daß ein kleiner gelber Rand bleibt, und walzen Sie die Fläche blau.
Zuletzt lösen Sie alle Klebebänder und Folien und malen die schwarzen Elemente in die noch feuchte Farbe.

Strandtuch mit bunten Fischen

Ein ausbalanciertes Gleichgewicht zwischen hellen und dunklen, leuchtenden und stumpfen, warmen und kalten Farben prägt dieses Muster, das von verschiedenen großen und kleinen Fischen dominiert wird.

Tips zum Nachahmen

Neun verschiedene Fische schwimmen über diesen vom Grundton her weißen Stoff. Die Fische schneiden Sie frei aus Papier aus. Grenzen Sie als erstes das Innenfeld des Stoffes mit Klebeband ab, und beginnen Sie mit Hilfe der Negativschablonen, die Fische frei zu verteilen. Kleine Folienstückchen dienen als Abdeckung der Augen. Die Fische werden mehrfarbig gestaltet, was schnell und einfach durch ein geschicktes Anlegen von zurechtgeschnittenen Papierkanten erreicht wird (vgl. SCHABLONEN S. 10 und ABDECKEN MIT PAPIERKANTEN S. 24/25). Sind die Fische farbig, werden sie mit positiven Schablonenformen abgedeckt, die etwas größer sind als die Fische selbst, so daß helle Zwischenlinien entstehen (vgl. ABDECKEN S. 23). Nun können unter Anlegen verschiedener zurechtgeschnittener Papierkanten (heben Sie immer die Gegenstücke auf!) die Flächen farbig gestaltet werden: erst das Braun, dann das Grün und das Schwarz, wobei die kleinen weißen Muster ausgespart werden müssen (vgl. etwa SCHABLONEN S.11, ❼). Schließlich folgen die blauen und zuletzt die gelben Flächen. Die schwarzen Punkte in der gelben Fläche und in den Augen malen Sie zuletzt mit Hilfe kleiner Papierschablonen in die feuchte Farbe.

T-Shirts mit Pfiff

Der ständige Wechsel der Moden macht es uns leicht: Heute darf man tragen, was einem gefällt, Originelles und Nobles, auch kombiniert, Blümchenmuster oder Abstraktes, je nach persönlichem Stil. T-Shirts, Sweatshirts oder T-Shirtkleider können Sie fertig genäht kaufen und dann bemalen. Wichtig ist nur, daß sie aus Baumwolle sind und sich gut spannen lassen. Da Stoffarbe durch mehrere Stofflagen dringen kann, müssen Sie zwischen Vorder- und Rückseite eine dünne Pappe oder Zeitungspapier schieben.

Man kann natürlich auch Hemden, Blusen und Kleidern eigene Muster verleihen. Allerdings verhindern viele Schnitte ein richtiges Aufspannen. In solchen Fällen kann das Kleidungsstück nicht bemalt werden – Sie sollten es gar nicht erst versuchen. Bemalen Sie lieber noch nicht vernähten Stoff, und nähen Sie das Kleid hinterher.

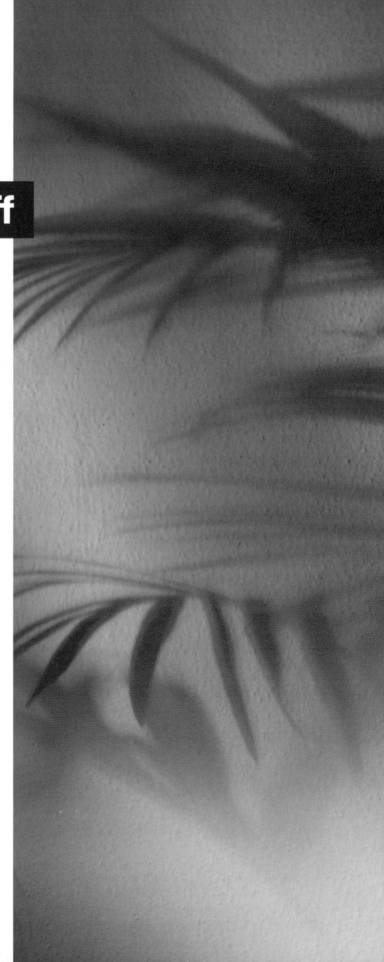

Für den Abend

Bei näherem Hinsehen entpuppt sich eine eigene Welt von schwimmenden Formen, die so edel wirken, daß dieses T-Shirt auch bei besonderen Anlässen getragen werden kann.

Tips zum Nachahmen

Ein solches Muster wird ganz aus der Intuition heraus entwickelt. Die Formen sind alle verschieden, frei aus Papier herausgeschnitten oder – bei den ineinandergreifenden Elementen – aus Folie nach der Methode des Abdeckens mit Zwischenlinien (vgl. ABDECKEN S. 23). Das besondere Flair liegt hier an dem mehrfarbig marmorierten Farbauftrag (vgl. WALZEN S.12, ❷) und den feinen Negativzeichnungen innerhalb mancher grauer Muster (vgl. ZEICHNEN S. 27). Die goldenen Kreise werden mit Konturenfarbe für Seidenmalerei direkt aus der Tube frei gezogen.

Rundherum gemustert

Zurückhaltende Eleganz prägt dieses sportliche Muster, das das T-Shirt rundherum auf Vorder- und Rückseite ziert.

Tips zum Nachahmen

Für dieses Muster brauchen Sie nur eine einzige Schablone (Schablone Nr. 37). Die Schablone wird ganz nach Gefühl plaziert und durch Abdecken (vgl. SCHABLONEN S.10, ❶) teilweise schwarz und teilweise braun, manchmal als Ganzes und manchmal nur zum Teil ausgewalzt. Den schattierenden Farbauftrag erreichen Sie, wenn Sie sehr wenig Farbe verwenden.

Ein Kopf, der auffällt

Anonym in der Masse untertauchen können Sie mit diesem kunstvollen T-Shirt nicht. Warum sollten Sie auch?

Tips zum Nachahmen

Es sieht komplizierter aus, als es ist: Kleben Sie die Negativschablone für den Kopf (Schablone Nr. 38) und das Positiv für den Stern (Schablone Nr. 39) auf den Stoff. Decken Sie das Auge und die Augenbraue ab. Nun walzen Sie den Kopf farbig ein, wobei Sie ihn nach Belieben durch Anlegen von geschnittenen oder, wie hier, gerissenen Papierkanten mehrfarbig gestalten können (vgl. SCHABLONEN S. 11, ❶ und PAPIERKANTEN ALS ABDECKUNG S. 24/25). Die Folien werden gelöst. Man deckt nun den Kopf mit dem Schablonenpositiv ab und gestaltet die Augenbraue und das Auge. Danach wird das Schablonennegativ des Sterns sorgfältig plaziert und seine Mitte durch ein Oval aus Folie abgedeckt (Schablone Nr. 40). Pinseln Sie nun die Zacken farbig aus.

Der Rest ist freie Gestaltung: Der Kopf erhält kleine schwarze und weiße Zierelemente, wobei der Locher nützlich ist. Wenn Sie das Oval im Stern gestalten, kleben Sie ihn einfach mit durchscheinender Folie ab und schneiden noch einmal das Oval heraus.

Das Halbrund der schwarzen Kreise mit den feinen Linien (vgl. LINIEN S. 21, Tip) entsteht durch eine Papierschablone mit drei herausgeschnittenen Kreisen. Bei den Phantasieformen rechts oben arbeiten Sie am besten nach der Methode des Abdeckens mit feinen Zwischenlinien (vgl. ABDECKEN S. 23).

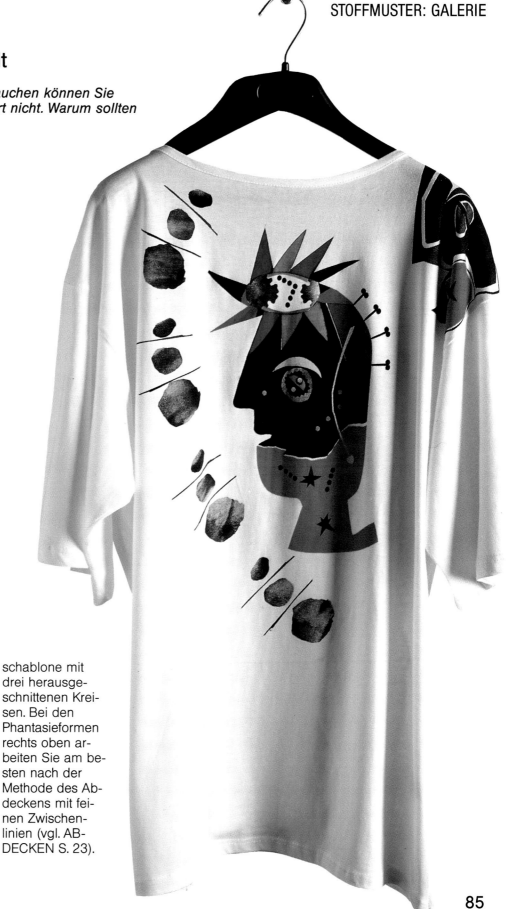

Dekorative Bilder

*Mit der Schablonentechnik ge-
malte Bilder entfalten durch die
Präzision der Konturen einen ganz
eigenen Zauber.
Mühelos kann man mit ihr riesige
Formate bewältigen. Je nach per-
sönlicher Neigung können Sie das
Werk bildhaft gegenständlich hal-
ten oder ganz abstrakt Farben und
Flächen komponieren.*

Explodierender Stern

Enorme Kräfte entwickelt
dieser Farbenstern, der unbedingt leere Wand um sich
herum benötigt.
Daß er von der Technik her
viel einfacher herzustellen
war als das Pferd, macht ihn
nicht weniger kunstvoll.

Sanfte Hügel

Da man Wandbilder ge-
wöhnlich nicht wäscht, dürfen Sie hier auf das Prinzip
„naß in naß" verzichten und
ruhig auch über trockene
Farbe malen. So wird es
nicht schwierig, flächig zu
arbeiten, Himmel und Erde
können als erstes gestaltet
werden. Wolken, Pflanzen
und Tiere werden eingefügt.

Zauberpferd

Als regnete es nicht Taler,
sondern Juwelen vom
Himmel, so glitzert dieses
märchenhafte Pferd. Es
sind die vielen kleinen
Zierpunkte, die eine derart
erstaunliche Wirkung ent-
falten.

Register

**Die Deutsche Bibliothek –
CIP-Einheitsaufnahme**

Stoffmalerei mit der Schablone: tolle Ideen
für Einsteiger und Fortgeschrittene; mit
grossem Vorlagenbogen / Hamid Zenati;
Claudia Weiand. - Augsburg : Augustus-
Verl., 1995
    ISBN 3-8043-0314-5

Umschlaggestaltung: Christa Manner,
München
Foto Umschlagvorderseite: Klaus Lipa,
Augsburg

Augustus Verlag, Augsburg 1995
© Weltbild Verlag GmbH, Augsburg
Konzeption und Texte: Claudia Weiand
Idee und Produktion:
topic Verlag GmbH, Karlsfeld bei München
Fotos: Hansmartin Werner
Foto S. 8 oben: Werkfoto DEKA
Druck: Appl, Wemding
Printed in Germany
ISBN 3-8043-0314-5

**Dieses Buch wurde auf 120 g elementar
chlorfrei gebleichtem Papier gedruckt.**